Bernd Wehren

Der Einmaleins-Führerschein

Kleines Einmaleins

Verstehen – Üben – Festigen

Mit einem Klassensatz farbiger Führerscheine

2./3. Klasse

Kopiervorlagen

Hinweis:
Die beiliegenden Führerscheine können Sie als Klassensatz unter der Bestell-Nr. 103 nachbestellen.

Gedruckt auf umweltbewusst gefertigtem, chlorfrei gebleichtem und alterungsbeständigem Papier

3. Auflage 2019
Nach den seit 2006 amtlich gültigen Regelungen der Rechtschreibung.

Illustration: Inka Grebner
Satz & Layout: PrePress-Salumae.com, Kaisheim

ISBN 978-3-95660-**097**-5 www.brigg-verlag.de

Inhalt

Einmaleins-Spiele

Der Führerschein

Einleitung

Das kleine Einmaleins und das große Einmaleins gehören zu den wichtigsten Lerninhalten des Mathematikunterrichts. Mithilfe der Kopiervorlagen des kleinen Einmaleins-Führerscheins lernen Ihre Schüler Schritt für Schritt das Einmaleins: von der konkreten über die ikonische zur symbolischen Ebene und vom Bild, über die Punktdarstellung und die Addition zur Multiplikation. So verstehen die Kinder zuerst den Sinn, den Aufbau und die Struktur des Einmaleins und lernen es erst dann auswendig. Dabei werden das handlungsorientierte und spielerische Lernen sowie das Lernen mit vielen Sinnen stets berücksichtigt.

Zur Konzeption der Kopiervorlagen:
Zu jeder Einmaleins-Reihe in diesem Heft gehören ein Bildposter, zwei bzw. drei Arbeitsblätter sowie ein Domino- und ein Memory-Spiel.
Die Bildposter einer jeden Einmaleins-Reihe machen die Struktur des Einmaleins transparent. Jedes Bildposter einer Reihe sollte zehnmal kopiert und nebeneinander im Klassenraum aufgehangen werden. Indem Sie mehrere Bildposter-Reihen untereinander hängen, können Sie Zusammenhänge verdeutlichen, z. B.: 1 • 5- und 1 • 10-Bildposter, 1 • 2-, 1 • 4- und 1 • 8-Bildposter oder 1 • 3-, 1 • 6- und 1 • 9-Bildposter.
Die Bildposter und die dort gestellten Sinnesaufgaben zum „Hören" und „Fühlen" des Einmaleins können Sie für einen Lernspaziergang, die Freiarbeit und Stationsarbeit nutzen. Zudem können Sie die zehn Bildposter jeder Einmaleins-Reihe zu einem Einmaleins-Reihen-Leporello zusammenkleben (lassen) und – bunt angemalt – als Einmaleins-Lernbücher in die Klassenbücherei legen.
Mithilfe der Arbeitsblätter und der Spiele lernen die Kinder, die ikonische und symbolische Ebene zu verbinden, und erkennen den Zusammenhang von Addition und Multiplikation.

Zum konkreten Einsatz der Kopiervorlagen:
Suchen Sie sich zunächst eine Einmaleins-Reihe aus, mit der Sie beginnen möchten (beispielsweise mit der Einerreihe), und kopieren Sie die entsprechenden Seiten:

a) in 10-facher Ausführung das Bildposter, evtl. im DIN-A3-Format (S. 9)
b) in 2–3-facher Klassenstärke „Die 1er-Sonnen-Reihe" (S. 10)
c) in Klassenstärke „Die 1 • 1-Aufgaben" (S. 11)
d) in Klassenstärke, aber auch einmal auf Folie für den Tageslichtprojektor „Das kleine Einmaleins-Punktefeld" (S. 7), um im Klassenverband Struktur und Aufbau des Einmaleins zu erklären. Ggf. können Sie die Punktefelder auch laminieren.

Hängen Sie die zehn Sonnen-**Bildposter** der ersten Einmaleins-Reihe nebeneinander im Klassenraum auf – am besten so, dass Sie weitere Einmaleins-Reihen-Bildposter darunter hängen können. Ihre Schüler können die beiden „Sinnesaufgaben" zum Hören und Fühlen des Einmaleins auf den Bildpostern so stets durchführen.
Anschließend bearbeiten Ihre Schüler die **Arbeitsblätter** „1er-Sonnen-Reihe", „1 • 1-Aufgaben" und benutzen dabei zum besseren Verständnis „Das kleine Einmaleins-Punktefeld". (Ab der Zweierreihe bearbeiten Ihre Schüler zudem ein „Einmaleins-Übungsblatt" zur jeweiligen Einmaleins-Reihe.)
Verfahren Sie danach genauso mit den anderen Kopiervorlagen der Einmaleins-Reihen.
Tipp: Sie können die Arbeitsblätter zu einer Einmaleins-Reihe und die Spiele auch als Stationsarbeit anbieten.
Wenn die Schüler eine Seite bearbeitet haben, dürfen sie *Heinz Einmaleins*, der sich als Leitfigur auf den Arbeitsblättern befindet, ausmalen.

Wenn Ihre Schüler alle Einmaleins-Reihen in dieser Form bearbeitet haben, kopieren Sie in Klassenstärke das „Einmaleins-Poster" (S. 62) im DIN-A3-Format und geben es den Schülern mit nach Hause, damit sie es als **Lernposter** in ihrem Kinderzimmer aufhängen können. Um das Auswendiglernen voranzutreiben, bearbeiten Ihre Schüler nun auch die **Übungsblätter mit gemischten Einmaleins-Aufgaben** (S. 57).

Ab Seite 63 finden Sie zusätzlich zu den Domino- und Memory-Spielen für jede Einmaleins-Reihe noch weitere Einmaleins-Spiele: das 1 • 1-Bilder-Mau-Mau, das kleine Einmaleins-Duo und -Trio, verschiedene Einmaleins-Quiz, ein Einmaleins-Bingo und das Einmaleins-ärgere-dich-nicht in zwei Schwierigkeitsstufen. Kopieren Sie die **Spiele** auf Karton oder/und laminieren Sie sie, schneiden Sie die Karten aus bzw. die Spielfelder zurecht und lassen Sie Ihre Schüler in Frei-, Wochenplan-, Stations- oder/und Gruppenarbeit die Einmaleinsspiele nach den Spielregeln spielen.

Wenn Sie mehrere Einmaleins-Reihen eingeführt haben, geben Sie Ihren Schülern auch den **farbigen Einmaleins-Führerschein**, den sie mit ihrem Namen beschriften und im Etui aufbewahren. Wenn ein Schüler im offenen Unterrichtsanfang, in der Freiarbeit oder Wochenplanarbeit 1. eine Einmaleins-Reihe auswendig aufsagen und 2. die dazugehörenden, von Ihnen – möglichst durcheinander (!) – gestellten Einmaleins-Aufgaben richtig lösen kann, malen Sie einen lachenden Mund in eines der drei Gesichter des Einmaleins-Führerscheins und setzen ihr Namenskürzel darunter. Achten Sie darauf, dass Sie stets verschiedene Einmaleins-Reihen abfragen, also nicht dreimal hintereinander das 1 • 2. Im Idealfall haben Sie den Schülern bei allen Einmaleins-Reihen zwei Lachgesichter gemalt, bevor Sie jede Einmaleins-Reihe ein drittes Mal abfragen und die dritten Lachgesichter malen. Alle zehn Einmaleins-Reihen sind auf dem Führerschein abgedruckt, sodass Ihre Schüler sowohl damit üben als auch sehen können, welche Einmaleins-Reihen und -Aufgaben sie bereits beherrschen und ob sie die Prüfung bestanden haben.

Wenn Sie feststellen, dass Ihre Schüler recht sicher im kleinen Einmaleins sind, können Sie die **Generalprobe** (S. 84) durchführen und evtl. Tipps unten eintragen. Einige Tage später führen Sie die **Führerschein-Prüfung** (S. 85) durch, kreuzen unten das Ergebnis an und malen einen lachenden Mund in das Gesicht des Führerscheins und unterschreiben. Belohnen Sie Ihre Schüler mit der **Urkunde**, auf der eine Einmaleins-Tabelle zu sehen ist (S. 86).

Viel Spaß und Erfolg mit dem kleinen Einmaleins-Führerschein wünscht Ihnen und Ihren Schülern

Bernd Wehren

Bernd Wehren: Der Einmaleins-Führerschein · Kleines Einmaleins · Best.-Nr. 097

Das kleine Einmaleins-Punktefeld

Mit zwei Blättern kannst du Punkte abdecken und Einmaleins-Aufgaben darstellen. Rechne die nicht abgedeckten Punkte der Reihen und Spalten zusammen, um das Ergebnis zu erhalten.

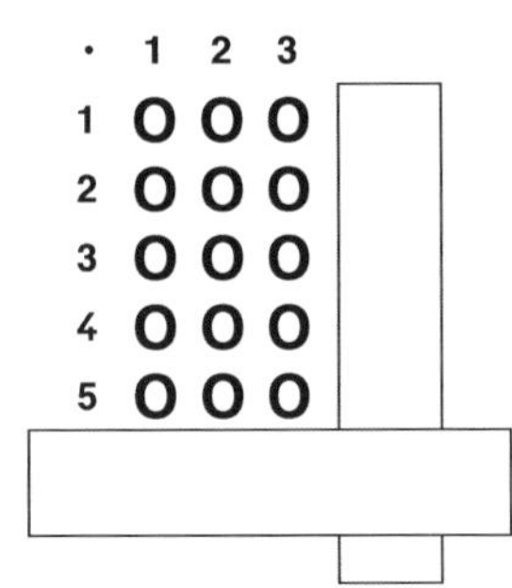

Dies sind die Aufgaben 5 • 3 und 3 • 5.

•	1	2	3	4	5	6	7	8	9	10
1	O	O	O	O	O	O	O	O	O	O
2	O	O	O	O	O	O	O	O	O	O
3	O	O	O	O	O	O	O	O	O	O
4	O	O	O	O	O	O	O	O	O	O
5	O	O	O	O	O	O	O	O	O	O
6	O	O	O	O	O	O	O	O	O	O
7	O	O	O	O	O	O	O	O	O	O
8	O	O	O	O	O	O	O	O	O	O
9	O	O	O	O	O	O	O	O	O	O
10	O	O	O	O	O	O	O	O	O	O

Die 1 · 0-Aufgaben

Trage Zahlen ein und rechne.

Merke:
Eine Malaufgabe spricht man so:

1 · 0 = ein mal null
3 · 0 = drei mal null
8 · 0 = acht mal null
10 · 0 = zehn mal null

Rechne (1 · 0-Aufgaben):

3 · 0 = ___	5 · 0 = ___	10 · 0 = ___
0 · 0 = ___	7 · 0 = ___	8 · 0 = ___
2 · 0 = ___	1 · 0 = ___	6 · 0 = ___

Überlege:
Das Ergebnis einer 1 · 0-Aufgabe ist immer gleich 0. Warum?

0 = 1 · 0 = ___

0 + 0 + 0 + 0 = 4 · 0 = 0

0 + 0 = 2 · 0 = 0

0 + 0 + 0 = ___ · 0 = ___

0 + 0 + 0 + 0 + 0 + 0 + 0 + 0 + 0 = 9 · 0 = ___

0 + 0 + 0 + 0 + 0 + 0 + 0 = ___ · 0 = ___

0 + 0 + 0 + 0 + 0 + 0 + 0 + 0 = ___ · 0 = ___

0 + 0 + 0 + 0 + 0 = ___ · 0 = ___

0 + 0 + 0 + 0 + 0 + 0 = 6 · 0 = ___

0 + 0 + 0 + 0 + 0 + 0 + 0 + 0 + 0 + 0 = ___ · 0 = ___

Bernd Wehren: Der Einmaleins-Führerschein · Kleines Einmaleins · Best.-Nr. 097

Einmaleins-Bildposter 1 für den Klassenraum (10-fach kopieren und als Bilder-Einmaleins-Reihe aufhängen)

O

Klopfe die Malaufgabe auf einen Tisch, an die Wand oder eine Tür.
Hört und errät ein Mitschüler die Malaufgabe?

1 mal klopfen + Pause + 1 mal klopfen =
2 • 1 = 2

Tippe die Malaufgabe auf den Rücken eines Mitschülers.
Fühlt und errät der Mitschüler die Malaufgabe?

1 mal tippen + Pause + 1 mal tippen =
2 • 1 = 2

_____ • 1 = _____

Die 1er-Sonnen-Reihe: Wie viele sind in einer Reihe?

1. Ergänze das Pluszeichen zwischen den Bildern.
2. Schreibe die Malaufgabe und das Ergebnis neben die Bilder.

= 1 · 1 =

1

+ = 2 · 1 =

1 1

=

1 1 1 1

=

1 1 1

=

1 1 1 1 1 1 1 1

=

1 1 1 1 1 1 1 1 1

=

1 1 1 1 1 1 1 1 1 1

=

1 1 1 1 1

=

1 1 1 1 1 1

=

1 1 1 1 1 1 1

Spieltipps:

1. Dein Tischnachbar sitzt mit dem Rücken zu dir und hält das Bildkärtchen-Arbeitsblatt in seinen Händen. a) Nun klopfst du eine Malaufgabe auf den Tisch. b) Oder du tippst eine Malaufgabe auf seinen Rücken.
   Dein Tischnachbar versucht, die Malaufgabe a) zu hören oder b) zu fühlen, und sagt dann das Ergebnis. Wechselt euch ab. Wer hat zuerst 5 richtige Malaufgaben mit Ergebnis genannt?

2. Schneide die einzelnen Bildkärtchen-Reihen ohne Malaufgabe und ohne Ergebnis aus und wähle eine Reihe, um sie deinen Mitschülern (1–5 Schüler) vorzulegen. Sie versuchen nun, das richtige Ergebnis zu nennen. Wer hat zuerst 5 richtige Ergebnisse genannt? Wechselt reihum den „Aufgabenleger".

Die 1 · 1-Aufgaben

Zeichne Punkte, trage Zahlen ein und rechne.

Wiederhole (1 · 0-Aufgaben):

2 · 0 = ___ 5 · 0 = ___ 0 · 0 = ___
10 · 0 = ___ 4 · 0 = ___ 7 · 0 = ___
1 · 0 = ___ 9 · 0 = ___ 3 · 0 = ___

Rechne (1 · 1-Aufgaben):

2 · 1 = ___ 5 · 1 = ___ 7 · 1 = ___
9 · 1 = ___ 4 · 1 = ___ 1 · 1 = ___
8 · 1 = ___ 10 · 1 = ___ 3 · 1 = ___

Die 1er-Reihe:

1 2 ___ 4 ___ 6 ___ ___ ___ 10
O O O O O O O O O O

Überlege:
Das Ergebnis einer 1 · 1-Aufgabe ist immer gleich der ersten Malzahl. Warum?

1 = 1 · 1 = ___
O

1 + 1 = 2 · 1 = ___
O O

1 + 1 + 1 = 3 · ___ = ___

1 + 1 + 1 + 1 = ___ · 1 = ___

1 + 1 + 1 + 1 + 1 + 1 = ___ · 1 = ___

1 + 1 + 1 + 1 + 1 + 1 + 1 + 1 + 1 = ___ · 1 = ___

1 + 1 + 1 + 1 + 1 = 5 · 1 = ___

1 + 1 + 1 + 1 + 1 + 1 + 1 + 1 = 8 · ___ = ___

1 + 1 + 1 + 1 + 1 + 1 + 1 = 7 · 1 = ___
O O O O O O O

1 + 1 + 1 + 1 + 1 + 1 + 1 + 1 + 1 + 1 = 10 · 1 = ___
O O O O O O O O O O

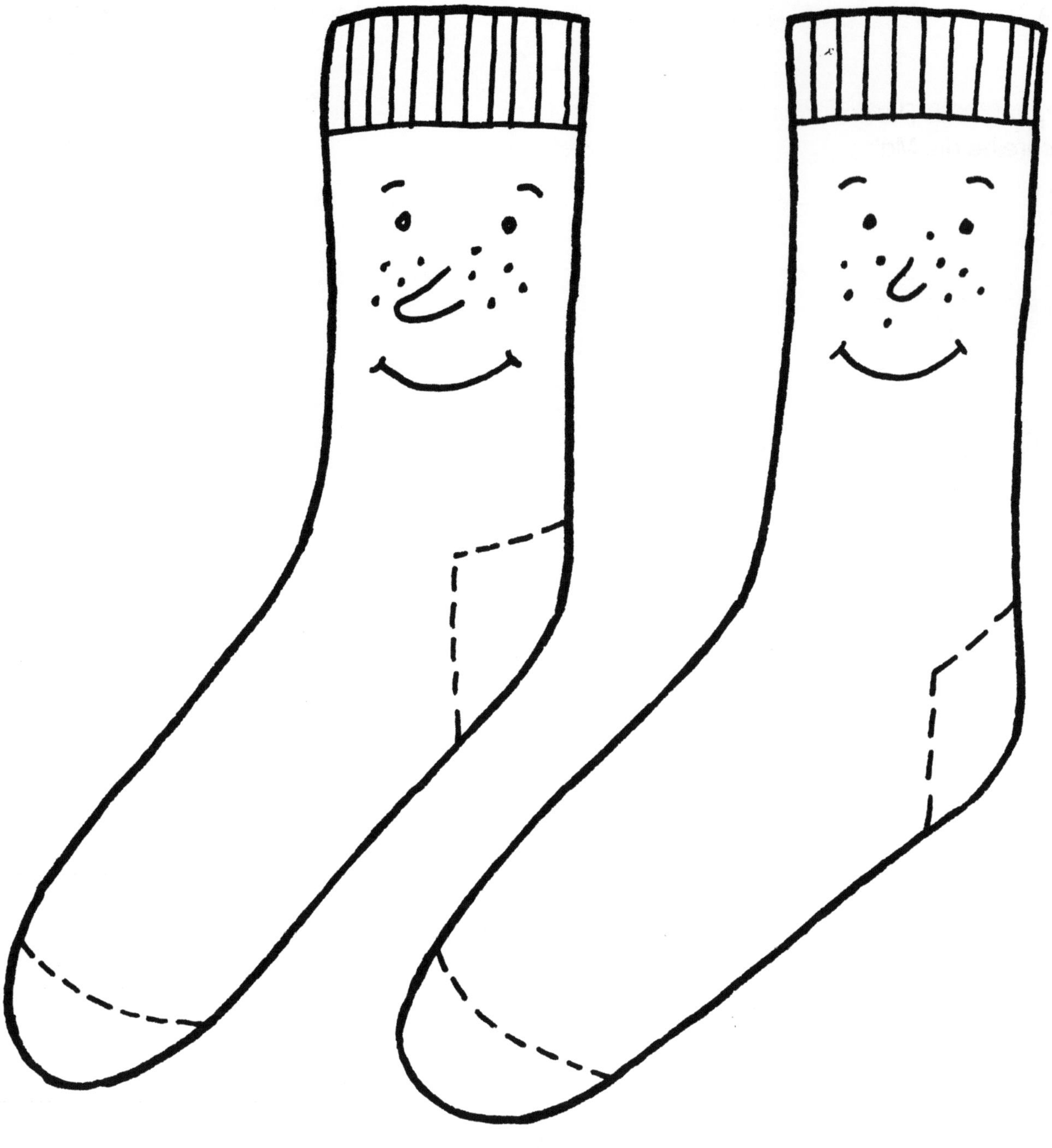

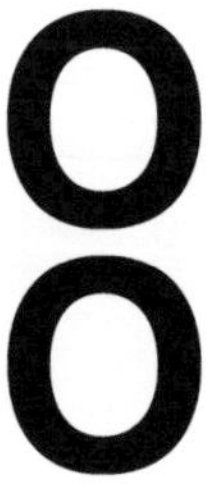

Einmaleins-Bildposter 2 für den Klassenraum (10-fach kopieren und als Bilder-Einmaleins-Reihe aufhängen)

00

Klopfe die Malaufgabe auf einen Tisch, an die Wand oder eine Tür. Hört und errät ein Mitschüler die Malaufgabe?

2 mal klopfen + Pause + 2 mal klopfen =
$2 \cdot 2 = 4$

Tippe die Malaufgabe auf den Rücken eines Mitschülers. Fühlt und errät der Mitschüler die Malaufgabe?

2 mal tippen + Pause + 2 mal tippen =
$2 \cdot 2 = 4$

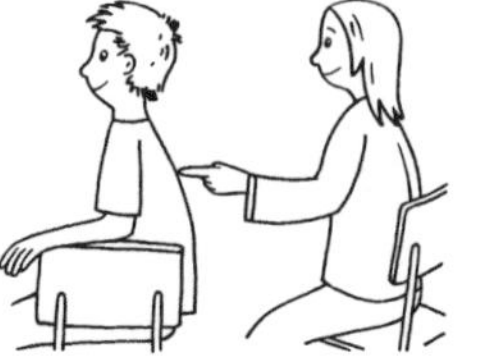

_____ **· 2 =** _____

Die 2er-Socken-Reihe: Wie viele sind in einer Reihe?

1. Ergänze das Pluszeichen zwischen den Bildern.
2. Schreibe die Malaufgabe und das Ergebnis neben die Bilder.

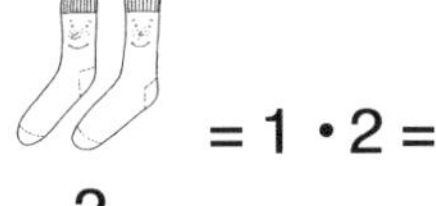 = 1 • 2 =

2

 + = 2 • 2 =

2 2

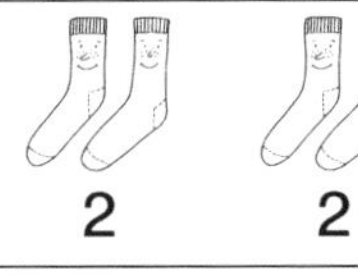      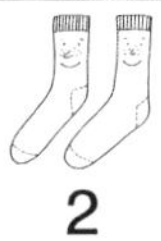  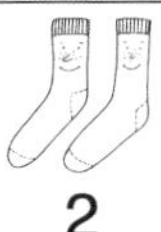 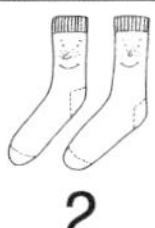 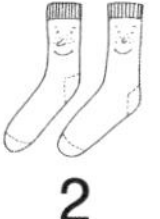 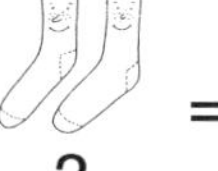 =

2 2 2 2 2 2 2 2 2 2

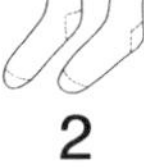        =

2 2 2 2 2 2

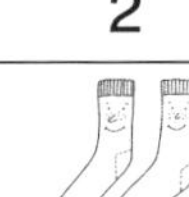  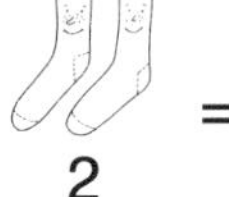 =

2 2 2 2 2 2 2 2

     =

2 2 2 2

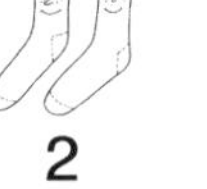    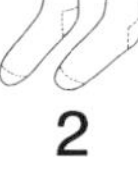     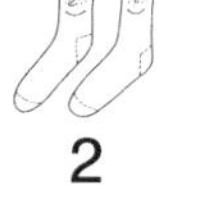 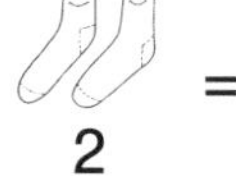 =

2 2 2 2 2 2 2 2 2

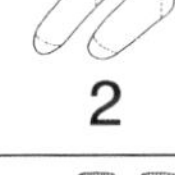     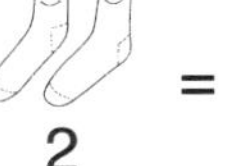 =

2 2 2 2 2

     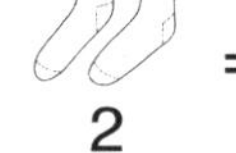 =

2 2 2 2 2 2 2

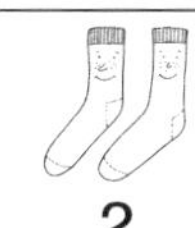 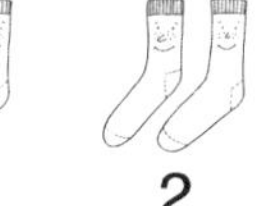   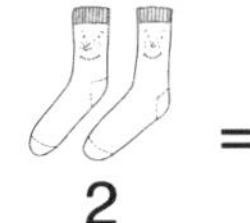 =

2 2 2

Spieltipps:

1. Dein Tischnachbar sitzt mit dem Rücken zu dir und hält das Bildkärtchen-Arbeitsblatt in seinen Händen. a) Nun klopfst du eine Malaufgabe auf den Tisch. b) Oder du tippst eine Malaufgabe auf seinen Rücken.
   Dein Tischnachbar versucht, die Malaufgabe a) zu hören oder b) zu fühlen, und sagt dann das Ergebnis. Wechselt euch ab. Wer hat zuerst 5 richtige Malaufgaben mit Ergebnis genannt?

2. Schneide die einzelnen Bildkärtchen-Reihen ohne Malaufgabe und ohne Ergebnis aus und wähle eine Reihe, um sie deinen Mitschülern (1–5 Schüler) vorzulegen. Sie versuchen nun, das richtige Ergebnis zu nennen. Wer hat zuerst 5 richtige Ergebnisse genannt? Wechselt reihum den „Aufgabenleger".

Die 1 · 2-Aufgaben

Zeichne Punkte, trage Zahlen ein und rechne.

2 = 1 · 2 = ___
o
o

2 + 2 = 2 · 2 = ___
o o
o o

2 + 2 + 2 = 3 · ___ = ___

2 + 2 + 2 + 2 = 4 · 2 = ___

2 + 2 + 2 + 2 + 2 = ___ · 2 = ___

2 + 2 + 2 + 2 + 2 + 2 + 2 = ___ · 2 = ___

2 + 2 + 2 + 2 + 2 + 2 + 2 + 2 + 2 = ___ · 2 = ___

2 + 2 + 2 + 2 + 2 + 2 + 2 + 2 = ___ · 2 = ___

2 + 2 + 2 + 2 + 2 + 2 + 2 + 2 + 2 + 2 = 10 · ___ = ___
o o o o o o o o o o
o o o o o o o o o o

2 + 2 + 2 + 2 + 2 + 2 = 6 · 2 = ___
o o o o o o
o o o o o o

Wiederhole (1 · 1-Aufgaben):

2 · 1 = ___	0 · 1 = ___	5 · 1 = ___
9 · 1 = ___	6 · 1 = ___	7 · 1 = ___
3 · 1 = ___	4 · 1 = ___	10 · 1 = ___

Rechne (1 · 2-Aufgaben):

3 · 2 = ___	7 · 2 = ___	9 · 2 = ___
2 · 2 = ___	0 · 2 = ___	5 · 2 = ___
10 · 2 = ___	8 · 2 = ___	4 · 2 = ___

Die 2er-Reihe:

2 4 ___ 8 ___ ___ ___ 16 ___ ___
o o o o o o o o o o
o o o o o o o o o o

Überlege:

Das Ergebnis einer 1 · 2-Aufgabe ist immer
... das Doppelte der 1. Malzahl.
... gerade, nie ungerade. Warum?

Bernd Wehren: Der Einmaleins-Führerschein · Kleines Einmaleins · Best.-Nr. 097

Einmaleins-Domino und Einmaleins-Memo zum Üben des 1 • 2

Schneide die Kärtchen aus und mische sie. Spielt Domino.

16 — 9 • 2 (2 + 2 + 2 + 2 + 2 + 2 + 2 + 2 + 2)	18 — 3 • 2 (2 + 2 + 2)	6 — 5 • 2 (2 + 2 + 2 + 2 + 2)
10 — 1 • 2 (2)	2 — 7 • 2 (2 + 2 + 2 + 2 + 2 + 2 + 2)	14 — 2 • 2 (2 + 2)
4 — 4 • 2 (2 + 2 + 2 + 2)	8 — 10 • 2 (2 + 2 + 2 + 2 + 2 + 2 + 2 + 2 + 2 + 2)	20 — 6 • 2 (2 + 2 + 2 + 2 + 2 + 2)
12 — 0 • 2	0 — 8 • 2 (2 + 2 + 2 + 2 + 2 + 2 + 2 + 2)	

Schneide die Kärtchen aus, mische sie und lege sie verdeckt auf den Tisch. Spielt Memo.

0 • 2	1 • 2	2 • 2
3 • 2	4 • 2	5 • 2
6 • 2	7 • 2	8 • 2
9 • 2	10 • 2	
0	2	4
6	8	10
12	14	16
18	20	

Übe das Einmaleins der 1 und 2

Schreibe die Plusaufgabe mit Ergebnis oder nur das Ergebnis auf.
Beispiel: 4 • 2 = 2 + 2 + 2 + 2 = 8 **oder** 4 • 2 = 8

3 • 2 = ______	5 • 2 = ______	8 • 2 = ______
9 • 1 = ______	2 • 2 = ______	0 • 2 = ______
5 • 1 = ______	7 • 2 = ______	4 • 2 = ______
10 • 2 = ______	4 • 1 = ______	1 • 1 = ______
6 • 2 = ______	6 • 1 = ______	8 • 1 = ______
7 • 1 = ______	10 • 1 = ______	0 • 2 = ______
8 • 2 = ______	4 • 2 = ______	0 • 1 = ______
7 • 2 = ______	3 • 2 = ______	6 • 1 = ______
2 • 2 = ______	5 • 1 = ______	5 • 2 = ______
2 • 1 = ______	9 • 2 = ______	9 • 1 = ______
1 • 1 = ______	6 • 2 = ______	7 • 1 = ______
8 • 1 = ______	4 • 1 = ______	1 • 2 = ______
3 • 1 = ______	10 • 1 = ______	10 • 2 = ______
2 • 1 = ______	3 • 1 = ______	6 • 1 = ______
0 • 2 = ______	7 • 2 = ______	5 • 1 = ______
1 • 2 = ______	8 • 2 = ______	2 • 2 = ______
5 • 2 = ______	4 • 2 = ______	0 • 1 = ______
3 • 1 = ______	9 • 2 = ______	7 • 1 = ______
10 • 2 = ______	4 • 1 = ______	1 • 1 = ______
10 • 1 = ______	9 • 1 = ______	6 • 2 = ______

Bernd Wehren: Der Einmaleins-Führerschein · Kleines Einmaleins · Best.-Nr. 097

Einmaleins-Bildposter 3 für den Klassenraum (10-fach kopieren und als Bilder-Einmaleins-Reihe aufhängen)

Klopfe die Malaufgabe auf einen Tisch, an die Wand oder eine Tür.
Hört und errät ein Mitschüler die Malaufgabe?

3 mal klopfen + Pause + 3 mal klopfen =
$2 \cdot 3 = 6$

Tippe die Malaufgabe auf den Rücken eines Mitschülers.
Fühlt und errät der Mitschüler die Malaufgabe?

3 mal tippen + Pause + 3 mal tippen =
$2 \cdot 3 = 6$

______ **• 3 =** ______

Die 3er-Dreieck-Reihe: Wie viele sind in einer Reihe?

1. Ergänze das Pluszeichen zwischen den Bildern.
2. Schreibe die Malaufgabe und das Ergebnis neben die Bilder.

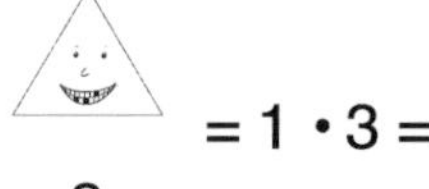

3 = 1 • 3 =

3 + 3 = 2 • 3 =

3 3 3 3 3 3 =

3 3 3 3 3 3 3 =

3 3 3 3 3 3 3 3 3 =

3 3 3 =

3 3 3 3 =

3 3 3 3 3 3 3 3 3 3 =

3 3 3 3 3 =

3 3 3 3 3 3 3 3 =

Spieltipps:

1. Dein Tischnachbar sitzt mit dem Rücken zu dir und hält das Bildkärtchen-Arbeitsblatt in seinen Händen. a) Nun klopfst du eine Malaufgabe auf den Tisch. b) Oder du tippst eine Malaufgabe auf seinen Rücken.
   Dein Tischnachbar versucht, die Malaufgabe a) zu hören oder b) zu fühlen, und sagt dann das Ergebnis. Wechselt euch ab. Wer hat zuerst 5 richtige Malaufgaben mit Ergebnis genannt?

2. Schneide die einzelnen Bildkärtchen-Reihen ohne Malaufgabe und ohne Ergebnis aus und wähle eine Reihe, um sie deinen Mitschülern (1–5 Schüler) vorzulegen. Sie versuchen nun, das richtige Ergebnis zu nennen. Wer hat zuerst 5 richtige Ergebnisse genannt? Wechselt reihum den „Aufgabenleger“.

Bernd Wehren: Der Einmaleins-Führerschein · Kleines Einmaleins · Best.-Nr. 097

Die 1 • 3-Aufgaben

Zeichne Punkte, trage Zahlen ein und rechne.

Rechne (1 • 3-Aufgaben):

4 • 3 = ___	8 • 3 = ___	0 • 3 = ___
1 • 3 = ___	6 • 3 = ___	10 • 3 = ___
3 • 3 = ___	9 • 3 = ___	5 • 3 = ___

Die 3er-Reihe:

3	___	___	12	___	___	___	24	___	30
o	o	o	o	o	o	o	o	o	o
o	o	o	o	o	o	o	o	o	o
o	o	o	o	o	o	o	o	o	o

Überlege:

Das Ergebnis einer 1 • 3-Aufgabe ist immer
... abwechselnd ungerade und gerade (= 3, 6, 9, 12, 15, 18 ...),
... die Hälfte der gleichen 1 • 6-Aufgabe (1 • 6 = 6 1 • 3 = 3). Warum?

3 = 1 • 3 = ___

o
o
o

3 + 3 = 2 • 3 = ___

o o
o o
o o

3 + 3 + 3 + 3 = 4 • 3 = ___

3 + 3 + 3 = ___ • 3 = ___

3 + 3 + 3 + 3 + 3 + 3 = ___ • 3 = ___

3 + 3 + 3 + 3 + 3 + 3 + 3 + 3 + 3 = ___ • 3 = ___

3 + 3 + 3 + 3 + 3 + 3 + 3 = 7 • 3 = ___

3 + 3 + 3 + 3 + 3 = ___ • 3 = ___

3 + 3 + 3 + 3 + 3 + 3 + 3 + 3 = ___ • 3 = ___

o o o o o o o o
o o o o o o o o
o o o o o o o o

3 + 3 + 3 + 3 + 3 + 3 + 3 + 3 + 3 + 3 = ___ • 3 = ___

o o o o o o o o o o
o o o o o o o o o o
o o o o o o o o o o

Einmaleins-Domino und Einmaleins-Memo zum Üben des 1 · 3

Schneide die Kärtchen aus und mische sie. Spielt Domino.

24 6 · 3 3 + 3 + 3 + 3 + 3 + 3	18 3 · 3 3 + 3 + 3	9 5 · 3 3 + 3 + 3 + 3 + 3
15 1 · 3 3	3 7 · 3 3 + 3 + 3 + 3 + 3 + 3 + 3	21 9 · 3 3 + 3 + 3 + 3 + 3 + 3 + 3 + 3 + 3
27 4 · 3 3 + 3 + 3 + 3	12 10 · 3 3 + 3 + 3 + 3 + 3 + 3 + 3 + 3 + 3 + 3	30 2 · 3 3 + 3
6 0 · 3	0 8 · 3 3 + 3 + 3 + 3 + 3 + 3 + 3 + 3	

Schneide die Kärtchen aus, mische sie und lege sie verdeckt auf den Tisch. Spielt Memo.

0 · 3	**1 · 3**	**2 · 3**
3 · 3	**4 · 3**	**5 · 3**
6 · 3	**7 · 3**	**8 · 3**
9 · 3	**10 · 3**	
0	**3**	**6**
9	**12**	**15**
18	**21**	**24**
27	**30**	

Übe das Einmaleins der 1, 2 und 3

Schreibe die Plusaufgabe mit Ergebnis oder nur das Ergebnis auf.
Beispiel: 4 • 3 = 3 + 3 + 3 + 3 = 12 **oder** 4 • 3 = 12

3 • 3 = ____

9 • 3 = ____

1 • 1 = ____

0 • 2 = ____

10 • 3 = ____

7 • 3 = ____

9 • 1 = ____

1 • 3 = ____

1 • 2 = ____

6 • 3 = ____

8 • 2 = ____

8 • 3 = ____

9 • 3 = ____

0 • 1 = ____

2 • 2 = ____

5 • 3 = ____

6 • 2 = ____

10 • 2 = ____

8 • 1 = ____

10 • 3 = ____

7 • 1 = ____

8 • 3 = ____

6 • 3 = ____

5 • 1 = ____

0 • 3 = ____

3 • 2 = ____

3 • 1 = ____

0 • 1 = ____

10 • 2 = ____

0 • 2 = ____

2 • 3 = ____

3 • 3 = ____

9 • 2 = ____

5 • 2 = ____

9 • 1 = ____

1 • 3 = ____

0 • 3 = ____

4 • 3 = ____

2 • 1 = ____

3 • 1 = ____

4 • 2 = ____

5 • 2 = ____

8 • 2 = ____

2 • 2 = ____

6 • 1 = ____

6 • 2 = ____

10 • 1 = ____

4 • 1 = ____

2 • 1 = ____

5 • 1 = ____

7 • 1 = ____

1 • 1 = ____

7 • 2 = ____

4 • 2 = ____

7 • 3 = ____

3 • 2 = ____

4 • 1 = ____

10 • 1 = ____

6 • 1 = ____

1 • 2 = ____

Einmaleins-Bildposter 4 für den Klassenraum (10-fach kopieren und als Bilder-Einmaleins-Reihe aufhängen)

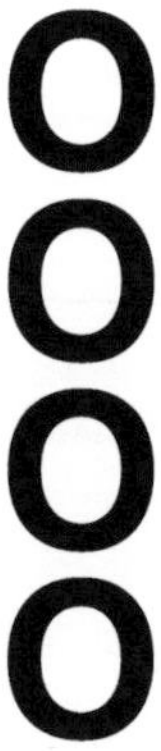

O
O
O
O

Klopfe die Malaufgabe auf einen Tisch, an die Wand oder eine Tür.
Hört und errät ein Mitschüler die Malaufgabe?

4 mal klopfen + Pause + 4 mal klopfen =
2 • 4 = 8

Tippe die Malaufgabe auf den Rücken eines Mitschülers.
Fühlt und errät der Mitschüler die Malaufgabe?

4 mal tippen + Pause + 4 mal tippen =
2 • 4 = 8

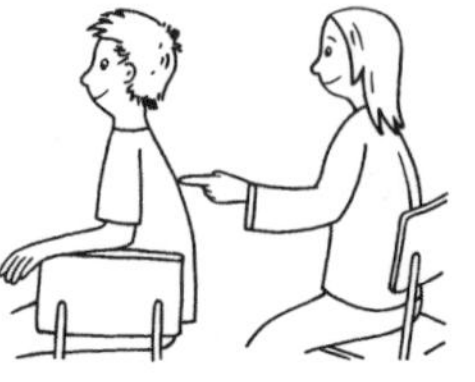

______ • 4 = ______

Bernd Wehren: Der Einmaleins-Führerschein · Kleines Einmaleins · Best.-Nr. 097

Die 4er-Inliner-Reihe: Wie viele sind in einer Reihe?

1. Ergänze das Pluszeichen zwischen den Bildern.
2. Schreibe die Malaufgabe und das Ergebnis neben die Bilder.

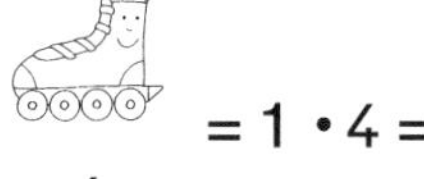

= 1 • 4 =

4

\+ = 2 • 4 =

4 4

=

4 4 4 4 4 4

=

4 4 4 4 4

=

4 4 4 4

=

4 4 4

=

4 4 4 4 4 4 4 4 4

=

4 4 4 4 4 4 4 4 4 4

=

4 4 4 4 4 4 4

=

4 4 4 4 4 4 4 4

Spieltipps:

1. Dein Tischnachbar sitzt mit dem Rücken zu dir und hält das Bildkärtchen-Arbeitsblatt in seinen Händen. a) Nun klopfst du eine Malaufgabe auf den Tisch. b) Oder du tippst eine Malaufgabe auf seinen Rücken.
   Dein Tischnachbar versucht, die Malaufgabe a) zu hören oder b) zu fühlen, und sagt dann das Ergebnis. Wechselt euch ab. Wer hat zuerst 5 richtige Malaufgaben mit Ergebnis genannt?

2. Schneide die einzelnen Bildkärtchen-Reihen ohne Malaufgabe und ohne Ergebnis aus und wähle eine Reihe, um sie deinen Mitschülern (1–5 Schüler) vorzulegen. Sie versuchen nun, das richtige Ergebnis zu nennen. Wer hat zuerst 5 richtige Ergebnisse genannt? Wechselt reihum den „Aufgabenleger".

Die 1 · 4-Aufgaben

Zeichne Punkte, trage Zahlen ein und rechne.

4 = 1 · 4 = ____

4 + 4 = 2 · 4 = ____

4 + 4 + 4 + 4 = 4 · ____ = ____

4 + 4 + 4 = ____ · 4 = ____

4 + 4 + 4 + 4 + 4 + 4 = ____ · 4 = ____

4 + 4 + 4 + 4 + 4 = ____ · 4 = ____

4 + 4 + 4 + 4 + 4 + 4 + 4 + 4 + 4 = ____ · 4 = ____

4 + 4 + 4 + 4 + 4 + 4 + 4 = ____ · 4 = ____

4 + 4 + 4 + 4 + 4 + 4 + 4 + 4 + 4 + 4 = ____ · 4 = ____

4 + 4 + 4 + 4 + 4 + 4 + 4 + 4 = ____ · 4 = ____

Rechne (1 · 4-Aufgaben):

3 · 4 = ____	7 · 4 = ____	6 · 4 = ____
4 · 4 = ____	1 · 4 = ____	5 · 4 = ____
9 · 4 = ____	10 · 4 = ____	8 · 4 = ____

Die 4er-Reihe:

4 8 ____ ____ ____ ____ 28 ____ 36 ____

Überlege:

Das Ergebnis einer 1 · 4-Aufgabe ist immer
... das Doppelte der gleichen 1 · 2-Aufgabe (5 · 2 = 10 5 · 4 = 20),
... die Hälfte der gleichen 1 · 8-Aufgabe (5 · 8 = 40 5 · 4 = 20),
... gerade, nie ungerade. Warum?

Einmaleins-Domino und Einmaleins-Memo zum Üben des 1 • 4

Schneide die Kärtchen aus und mische sie. Spielt Domino.

32 — 2 • 4 (4+4)	8 — 4 • 4 (4+4+4+4)	16 — 5 • 4 (4+4+4+4+4)
20 — 1 • 4 (4)	4 — 7 • 4 (4+4+4+4+4+4+4)	28 — 9 • 4 (4+4+4+4+4+4+4+4+4)
36 — 3 • 4 (4+4+4)	12 — 10 • 4 (4+4+4+4+4+4+4+4+4+4)	40 — 6 • 4 (4+4+4+4+4+4)
24 — 0 • 4	0 — 8 • 4 (4+4+4+4+4+4+4+4)	

Schneide die Kärtchen aus, mische sie und lege sie verdeckt auf den Tisch. Spielt Memo.

0 • 4	1 • 4	2 • 4
3 • 4	4 • 4	5 • 4
6 • 4	7 • 4	8 • 4
9 • 4	10 • 4	
0	4	8
12	16	20
24	28	32
36	40	

Übe das Einmaleins der 1, 2 und 4

Schreibe die Plusaufgabe mit Ergebnis oder nur das Ergebnis auf.
Beispiel: 4 · 4 = 4 + 4 + 4 + 4 = 16 **oder** 4 · 4 = 16

3 · 2 = ______	2 · 1 = ______	4 · 1 = ______
10 · 2 = ______	0 · 2 = ______	2 · 4 = ______
8 · 4 = ______	6 · 4 = ______	8 · 1 = ______
5 · 2 = ______	6 · 2 = ______	7 · 2 = ______
4 · 4 = ______	0 · 4 = ______	10 · 4 = ______
2 · 2 = ______	4 · 2 = ______	3 · 4 = ______
5 · 1 = ______	8 · 2 = ______	5 · 4 = ______
0 · 1 = ______	6 · 1 = ______	1 · 1 = ______
9 · 1 = ______	10 · 1 = ______	1 · 4 = ______
1 · 2 = ______	7 · 1 = ______	4 · 1 = ______
9 · 2 = ______	2 · 4 = ______	8 · 1 = ______
3 · 2 = ______	5 · 2 = ______	6 · 4 = ______
7 · 2 = ______	6 · 2 = ______	0 · 2 = ______
5 · 4 = ______	3 · 1 = ______	2 · 2 = ______
8 · 4 = ______	0 · 4 = ______	9 · 4 = ______
3 · 4 = ______	10 · 2 = ______	7 · 4 = ______
2 · 1 = ______	9 · 1 = ______	6 · 1 = ______
4 · 4 = ______	1 · 4 = ______	1 · 1 = ______
5 · 1 = ______	10 · 1 = ______	0 · 1 = ______
7 · 1 = ______	8 · 2 = ______	4 · 2 = ______

Bernd Wehren: Der Einmaleins-Führerschein · Kleines Einmaleins · Best.-Nr. 097

Einmaleins-Bildposter 5 für den Klassenraum (10-fach kopieren und als Bilder-Einmaleins-Reihe aufhängen)

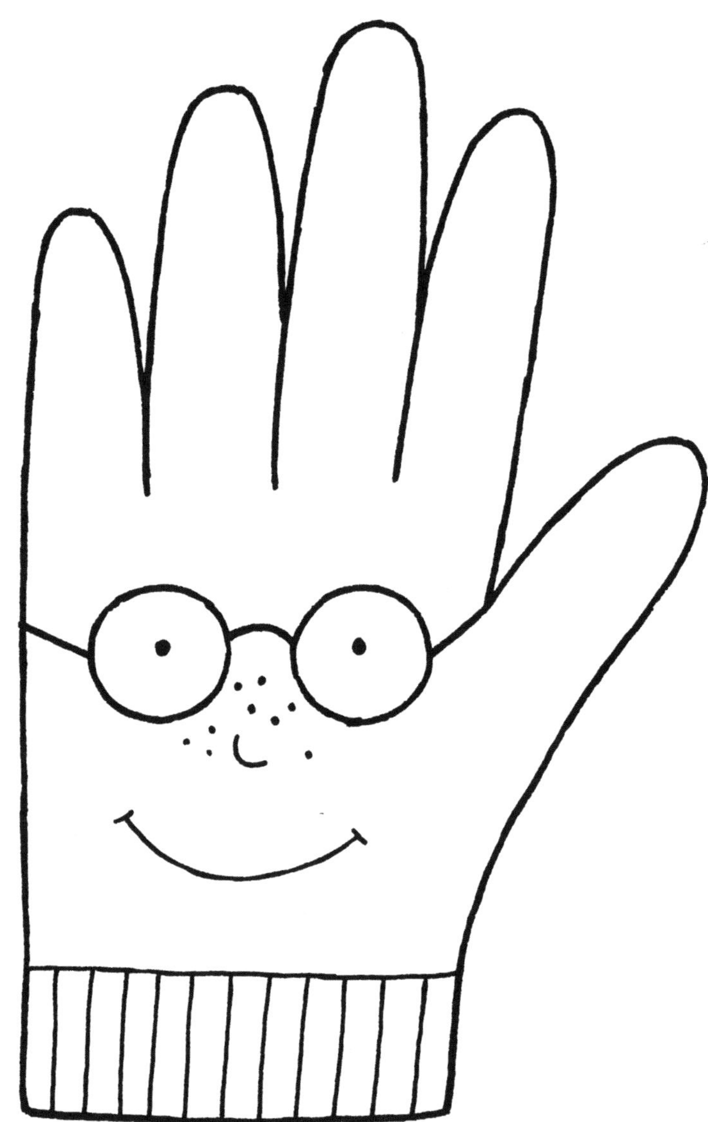

Klopfe die Malaufgabe auf einen Tisch, an die Wand oder eine Tür.
Hört und errät ein Mitschüler die Malaufgabe?

5 mal klopfen + Pause + 5 mal klopfen =
2 · 5 = 10

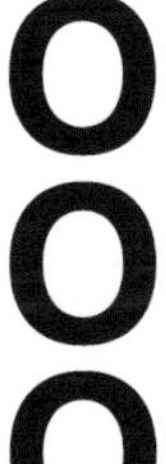
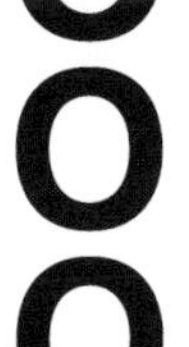

Tippe die Malaufgabe auf den Rücken eines Mitschülers.
Fühlt und errät der Mitschüler die Malaufgabe?

5 mal tippen + Pause + 5 mal tippen =
2 · 5 = 10

Die 5er-Finger-Reihe: Wie viele sind in einer Reihe?

1. Ergänze das Pluszeichen zwischen den Bildern.
2. Schreibe die Malaufgabe und das Ergebnis neben die Bilder.

= 1 • 5 =

5

\+ = 2 • 5 =

5 5

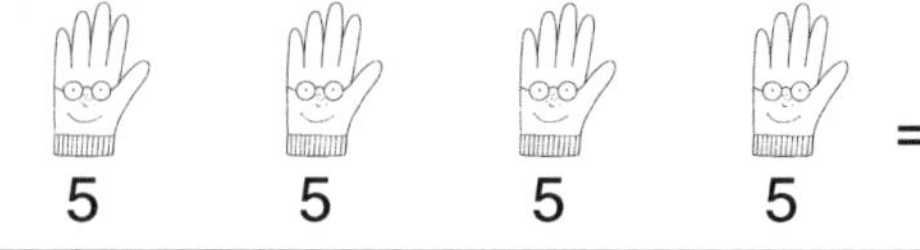

=

5 5 5 5

=

5 5 5

=

5 5 5 5 5 5 5 5 5

=

5 5 5 5 5 5 5 5

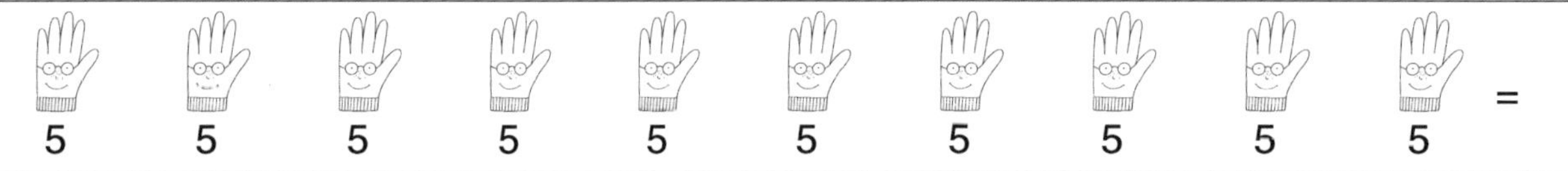

=

5 5 5 5 5 5 5 5 5 5

=

5 5 5 5 5 5

=

5 5 5 5 5

=

5 5 5 5 5 5 5

Spieltipps:

1. Dein Tischnachbar sitzt mit dem Rücken zu dir und hält das Bildkärtchen-Arbeitsblatt in seinen Händen. a) Nun klopfst du eine Malaufgabe auf den Tisch. b) Oder du tippst eine Malaufgabe auf seinen Rücken.
   Dein Tischnachbar versucht, die Malaufgabe a) zu hören oder b) zu fühlen, und sagt dann das Ergebnis. Wechselt euch ab. Wer hat zuerst 5 richtige Malaufgaben mit Ergebnis genannt?

2. Schneide die einzelnen Bildkärtchen-Reihen ohne Malaufgabe und ohne Ergebnis aus und wähle eine Reihe, um sie deinen Mitschülern (1–5 Schüler) vorzulegen. Sie versuchen nun, das richtige Ergebnis zu nennen. Wer hat zuerst 5 richtige Ergebnisse genannt? Wechselt reihum den „Aufgabenleger“.

Bernd Wehren: Der Einmaleins-Führerschein · Kleines Einmaleins · Best.-Nr. 097

Die 1 • 5-Aufgaben

Zeichne Punkte, trage Zahlen ein und rechne.

Rechne (1 • 5-Aufgaben):

3 • 5 = ___	6 • 5 = ___	9 • 5 = ___
4 • 5 = ___	2 • 5 = ___	10 • 5 = ___
5 • 5 = ___	7 • 5 = ___	8 • 5 = ___

Die 5er-Reihe:

5 ___ 15 ___ ___ 30 ___ ___ ___ 50

Überlege:

Das Ergebnis einer 1 • 5-Aufgabe ist immer
... mit einer 0 oder 5 an der Einerstelle (E),
... die Hälfte der gleichen 1 • 10-Aufgabe (6 • 10 = 60 6 • 5 = 30). Warum?

5 = 1 • 5 = ___

5 + 5 = 2 • 5 = ___

5 + 5 + 5 = ___ • 5 = ___

5 + 5 + 5 + 5 = ___ • 5 = ___

5 + 5 + 5 + 5 + 5 + 5 + 5 = ___ • 5 = ___

5 + 5 + 5 + 5 + 5 + 5 + 5 + 5 + 5 + 5 = 10 • 5 = ___

5 + 5 + 5 + 5 + 5 = 5 • 5 = ___

5 + 5 + 5 + 5 + 5 + 5 + 5 + 5 = ___ • 5 = ___

5 + 5 + 5 + 5 + 5 + 5 = 6 • ___ = ___

5 + 5 + 5 + 5 + 5 + 5 + 5 + 5 + 5 = ___ • 5 = ___

Einmaleins-Domino und Einmaleins-Memo zum Üben des 1 • 5

Schneide die Kärtchen aus und mische sie. Spielt Domino.

40 10 • 5 5 + 5 + 5 + 5 + 5 + 5 + 5 + 5 + 5 + 5	50 3 • 5 5 + 5 + 5	15 5 • 5 5 + 5 + 5 + 5 + 5
25 9 • 5 5 + 5 + 5 + 5 + 5 + 5 + 5 + 5 + 5	45 7 • 5 5 + 5 + 5 + 5 + 5 + 5 + 5	35 2 • 5 5 + 5
10 4 • 5 5 + 5 + 5 + 5	20 1 • 5 5	5 6 • 5 5 + 5 + 5 + 5 + 5 + 5
30 0 • 5	0 8 • 5 5 + 5 + 5 + 5 + 5 + 5 + 5 + 5	

Schneide die Kärtchen aus, mische sie und lege sie verdeckt auf den Tisch. Spielt Memo.

0 • 5	**1 • 5**	**2 • 5**
3 • 5	**4 • 5**	**5 • 5**
6 • 5	**7 • 5**	**8 • 5**
9 • 5	**10 • 5**	
0	**5**	**10**
15	**20**	**25**
30	**35**	**40**
45	**50**	

Bernd Wehren: Der Einmaleins-Führerschein · Kleines Einmaleins · Best.-Nr. 097

Übe das Einmaleins der 1, 2 und 5

Schreibe die Plusaufgabe mit Ergebnis oder nur das Ergebnis auf.
Beispiel: 4 • 5 = 5 + 5 + 5 + 5 = 20 **oder** 4 • 5 = 20

3 • 1 = ______	2 • 2 = ______	2 • 5 = ______
9 • 5 = ______	3 • 5 = ______	4 • 1 = ______
8 • 5 = ______	5 • 2 = ______	0 • 2 = ______
0 • 1 = ______	3 • 2 = ______	10 • 5 = ______
8 • 1 = ______	4 • 2 = ______	7 • 2 = ______
9 • 2 = ______	10 • 2 = ______	1 • 1 = ______
7 • 5 = ______	5 • 5 = ______	1 • 2 = ______
6 • 1 = ______	5 • 1 = ______	10 • 1 = ______
7 • 1 = ______	2 • 1 = ______	0 • 5 = ______
9 • 1 = ______	4 • 1 = ______	0 • 1 = ______
3 • 5 = ______	3 • 1 = ______	8 • 2 = ______
1 • 5 = ______	10 • 5 = ______	2 • 2 = ______
0 • 2 = ______	5 • 2 = ______	7 • 5 = ______
4 • 2 = ______	5 • 5 = ______	8 • 1 = ______
3 • 2 = ______	9 • 5 = ______	2 • 5 = ______
4 • 5 = ______	8 • 5 = ______	6 • 5 = ______
7 • 1 = ______	10 • 1 = ______	9 • 2 = ______
6 • 2 = ______	0 • 5 = ______	9 • 1 = ______
6 • 1 = ______	1 • 2 = ______	1 • 1 = ______
7 • 2 = ______	5 • 1 = ______	10 • 2 = ______

Klopfe die Malaufgabe auf einen Tisch, an die Wand oder eine Tür.
Hört und errät ein Mitschüler die Malaufgabe?

6 mal klopfen + Pause + 6 mal klopfen =
2 • 6 = 12

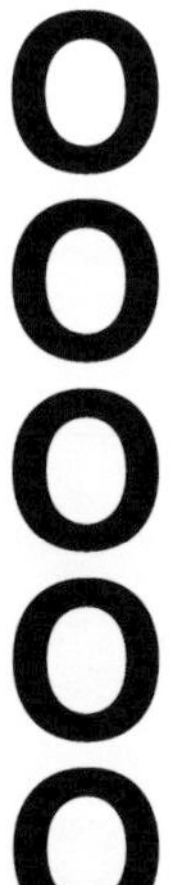

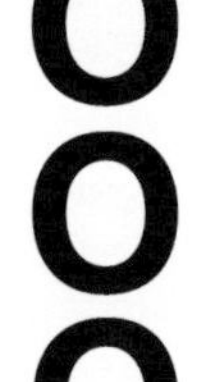

Tippe die Malaufgabe auf den Rücken eines Mitschülers.
Fühlt und errät der Mitschüler die Malaufgabe?

6 mal tippen + Pause + 6 mal tippen =
2 • 6 = 12

Die 6er-Eier-Reihe: Wie viele sind in einer Reihe?

1. Ergänze das Pluszeichen zwischen den Bildern.
2. Schreibe die Malaufgabe und das Ergebnis neben die Bilder.

= 1 • 6 =

6

\+ = 2 • 6 =

6 6

=

6 6 6 6 6 6

=

6 6 6 6 6 6 6

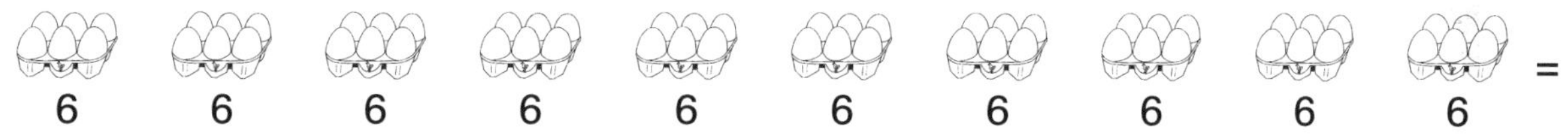

=

6 6 6 6 6 6 6 6 6 6

=

6 6 6

=

6 6 6 6

=

6 6 6 6 6 6 6 6 6

=

6 6 6 6 6 6 6 6

=

6 6 6 6 6

Spieltipps:

1. Dein Tischnachbar sitzt mit dem Rücken zu dir und hält das Bildkärtchen-Arbeitsblatt in seinen Händen. a) Nun klopfst du eine Malaufgabe auf den Tisch. b) Oder du tippst eine Malaufgabe auf seinen Rücken.
   Dein Tischnachbar versucht, die Malaufgabe a) zu hören oder b) zu fühlen, und sagt dann das Ergebnis. Wechselt euch ab. Wer hat zuerst 5 richtige Malaufgaben mit Ergebnis genannt?

2. Schneide die einzelnen Bildkärtchen-Reihen ohne Malaufgabe und ohne Ergebnis aus und wähle eine Reihe, um sie deinen Mitschülern (1–5 Schüler) vorzulegen. Sie versuchen nun, das richtige Ergebnis zu nennen. Wer hat zuerst 5 richtige Ergebnisse genannt? Wechselt reihum den „Aufgabenleger".

Die 1 · 6-Aufgaben

Zeichne Punkte, trage Zahlen ein und rechne.

6 = 1 · 6 = ____

6 + 6 = 2 · 6 = ____

6 + 6 + 6 + 6 = ____ · 6 = ____

6 + 6 + 6 = ____ · 6 = ____

6 + 6 + 6 + 6 + 6 = ____ · 6 = ____

6 + 6 + 6 + 6 + 6 + 6 + 6 = ____ · 6 = ____

6 + 6 + 6 + 6 + 6 + 6 + 6 + 6 + 6 = ____ · 6 = ____

6 + 6 + 6 + 6 + 6 + 6 = ____ · 6 = ____

6 + 6 + 6 + 6 + 6 + 6 + 6 + 6 + 6 + 6 = 10 · ____ = ____

6 + 6 + 6 + 6 + 6 + 6 + 6 + 6 = 8 · ____ = ____

Rechne (1 · 6-Aufgaben):

5 · 6 = ____	4 · 6 = ____	1 · 6 = ____
8 · 6 = ____	3 · 6 = ____	2 · 6 = ____
10 · 6 = ____	9 · 6 = ____	7 · 6 = ____

Die 6er-Reihe:

6 ___ ___ ___ 30 ___ ___ 48 ___ 60

Überlege:

Das Ergebnis einer 1 · 6-Aufgabe ist immer
... gerade,
... das Doppelte der gleichen 1 · 3-Aufgabe (10 · 3 = 30 10 · 6 = 60). Warum?

Einmaleins-Domino und Einmaleins-Memo zum Üben des 1 • 6

Schneide die Kärtchen aus und mische sie. Spielt Domino.

48 — 4 • 6 (6 + 6 + 6 + 6)	24 — 3 • 6 (6 + 6 + 6)	18 — 0 • 6
0 — 5 • 6 (6 + 6 + 6 + 6 + 6)	30 — 7 • 6 (6 + 6 + 6 + 6 + 6 + 6 + 6)	42 — 2 • 6 (6 + 6)
12 — 9 • 6 (6 + 6 + 6 + 6 + 6 + 6 + 6 + 6 + 6)	54 — 10 • 6 (6 + 6 + 6 + 6 + 6 + 6 + 6 + 6 + 6 + 6)	60 — 6 • 6 (6 + 6 + 6 + 6 + 6 + 6)
36 — 1 • 6 (6)	6 — 8 • 6 (6 + 6 + 6 + 6 + 6 + 6 + 6 + 6)	

Schneide die Kärtchen aus, mische sie und lege sie verdeckt auf den Tisch. Spielt Memo.

0 • 6	1 • 6	2 • 6
3 • 6	4 • 6	5 • 6
6 • 6	7 • 6	8 • 6
9 • 6	10 • 6	
0	6	12
18	24	30
36	42	48
54	60	

Übe das Einmaleins der 1, 2 und 6

Schreibe die Plusaufgabe mit Ergebnis oder nur das Ergebnis auf.
Beispiel: 4 • 6 = 6 + 6 + 6 + 6 = 24 **oder** 4 • 6 = 24

9 • 2 = ____________
8 • 2 = ____________
6 • 1 = ____________
3 • 6 = ____________
9 • 1 = ____________
10 • 6 = ____________
2 • 1 = ____________
7 • 1 = ____________
8 • 1 = ____________
1 • 6 = ____________
7 • 6 = ____________
8 • 2 = ____________
0 • 2 = ____________
0 • 1 = ____________
4 • 2 = ____________
6 • 1 = ____________
3 • 1 = ____________
2 • 1 = ____________
8 • 1 = ____________
7 • 2 = ____________

6 • 2 = ____________
0 • 2 = ____________
10 • 2 = ____________
8 • 6 = ____________
6 • 6 = ____________
1 • 1 = ____________
2 • 2 = ____________
5 • 2 = ____________
4 • 1 = ____________
5 • 1 = ____________
3 • 2 = ____________
2 • 6 = ____________
8 • 6 = ____________
9 • 1 = ____________
10 • 2 = ____________
5 • 6 = ____________
9 • 2 = ____________
7 • 1 = ____________
10 • 6 = ____________
10 • 1 = ____________

9 • 6 = ____________
3 • 2 = ____________
0 • 6 = ____________
7 • 6 = ____________
7 • 2 = ____________
0 • 1 = ____________
10 • 1 = ____________
1 • 2 = ____________
3 • 1 = ____________
4 • 6 = ____________
3 • 6 = ____________
0 • 6 = ____________
9 • 6 = ____________
5 • 2 = ____________
6 • 2 = ____________
1 • 1 = ____________
2 • 2 = ____________
4 • 1 = ____________
1 • 2 = ____________
5 • 1 = ____________

Bernd Wehren: Der Einmaleins-Führerschein · Kleines Einmaleins · Best.-Nr. 097

Einmaleins-Bildposter 7 für den Klassenraum (10-fach kopieren und als Bilder-Einmaleins-Reihe aufhängen)

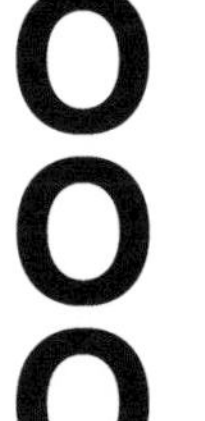

Klopfe die Malaufgabe auf einen Tisch, an die Wand oder eine Tür.
Hört und errät ein Mitschüler die Malaufgabe?

7 mal klopfen + Pause + 7 mal klopfen =
2 • 7 = 14

Tippe die Malaufgabe auf den Rücken eines Mitschülers.
Fühlt und errät der Mitschüler die Malaufgabe?

7 mal tippen + Pause + 7 mal tippen =
2 • 7 = 14

Die 7er-Zwergen-Reihe: Wie viele sind in einer Reihe?

1. Ergänze das Pluszeichen zwischen den Bildern.
2. Schreibe die Malaufgabe und das Ergebnis neben die Bilder.

= 1 • 7 =

7

\+ = 2 • 7 =

7 7

=

7 7 7 7 7 7 7

=

7 7 7 7 7 7

=

7 7 7 7 7 7 7 7 7

=

7 7 7 7

=

7 7 7

=

7 7 7 7 7 7 7 7 7 7

=

7 7 7 7 7

=

7 7 7 7 7 7 7 7

Spieltipps:

1. Dein Tischnachbar sitzt mit dem Rücken zu dir und hält das Bildkärtchen-Arbeitsblatt in seinen Händen. a) Nun klopfst du eine Malaufgabe auf den Tisch. b) Oder du tippst eine Malaufgabe auf seinen Rücken.
   Dein Tischnachbar versucht, die Malaufgabe a) zu hören oder b) zu fühlen, und sagt dann das Ergebnis. Wechselt euch ab. Wer hat zuerst 5 richtige Malaufgaben mit Ergebnis genannt?

2. Schneide die einzelnen Bildkärtchen-Reihen ohne Malaufgabe und ohne Ergebnis aus und wähle eine Reihe, um sie deinen Mitschülern (1–5 Schüler) vorzulegen. Sie versuchen nun, das richtige Ergebnis zu nennen. Wer hat zuerst 5 richtige Ergebnisse genannt? Wechselt reihum den „Aufgabenleger".

Bernd Wehren: Der Einmaleins-Führerschein · Kleines Einmaleins · Best.-Nr. 097

Die 1 • 7-Aufgaben

Zeichne Punkte, trage Zahlen ein und rechne.

7 = 1 • 7 = ____

o
o
o
o
o
o
o

7 + 7 = ____ **• 7 =** ____

o o
o o
o o
o o
o o
o o
o o

Rechne (1 • 7-Aufgaben):

8 • 7 = ____	3 • 7 = ____	10 • 7 = ____
7 • 7 = ____	6 • 7 = ____	5 • 7 = ____
0 • 7 = ____	4 • 7 = ____	9 • 7 = ____

Die 7er-Reihe:

7	____	21	____	35	____	____	____	63	____
o	o	o	o	o	o	o	o	o	o
o	o	o	o	o	o	o	o	o	o
o	o	o	o	o	o	o	o	o	o
o	o	o	o	o	o	o	o	o	o
o	o	o	o	o	o	o	o	o	o
o	o	o	o	o	o	o	o	o	o
o	o	o	o	o	o	o	o	o	o

Überlege:

Das Ergebnis einer 1 • 7-Aufgabe ist immer ... abwechselnd ungerade und gerade (= 7, 14, 21, 28, 35, 42 ...). Warum?

7 + 7 + 7 + 7 = ____ **• 7 =** ____

7 + 7 + 7 = 3 • ____ **=** ____

7 + 7 + 7 + 7 + 7 + 7 = ____ **• 7 =** ____

7 + 7 + 7 + 7 + 7 + 7 + 7 + 7 + 7 = 9 • ____ **=** ____

7 + 7 + 7 + 7 + 7 + 7 + 7 + 7 + 7 + 7 = ____ **• 7 =** ____

7 + 7 + 7 + 7 + 7 + 7 + 7 = ____ **• 7 =** ____

7 + 7 + 7 + 7 + 7 = ____ **• 7 =** ____

o o o o o
o o o o o
o o o o o
o o o o o
o o o o o
o o o o o
o o o o o

7 + 7 + 7 + 7 + 7 + 7 + 7 + 7 = ____ **• 7 =** ____

o o o o o o o o
o o o o o o o o
o o o o o o o o
o o o o o o o o
o o o o o o o o
o o o o o o o o
o o o o o o o o

Einmaleins-Domino und Einmaleins-Memo zum Üben des 1 • 7

Schneide die Kärtchen aus und mische sie. Spielt Domino.

49 — 5 • 7 (7 + 7 + 7 + 7 + 7)	35 — 3 • 7 (7 + 7 + 7)	21 — 9 • 7 (7 + 7 + 7 + 7 + 7 + 7 + 7 + 7 + 7)
63 — 2 • 7 (7 + 7)	14 — 8 • 7 (7 + 7 + 7 + 7 + 7 + 7 + 7 + 7)	56 — 1 • 7 (7)
7 — 4 • 7 (7 + 7 + 7 + 7)	28 — 10 • 7 (7 + 7 + 7 + 7 + 7 + 7 + 7 + 7 + 7 + 7)	70 — 6 • 7 (7 + 7 + 7 + 7 + 7 + 7)
42 — 0 • 7	0 — 7 • 7 (7 + 7 + 7 + 7 + 7 + 7 + 7)	

Schneide die Kärtchen aus, mische sie und lege sie verdeckt auf den Tisch. Spielt Memo.

0 • 7	**1 • 7**	**2 • 7**
3 • 7	**4 • 7**	**5 • 7**
6 • 7	**7 • 7**	**8 • 7**
9 • 7	**10 • 7**	
0	**7**	**14**
21	**28**	**35**
42	**49**	**56**
63	**70**	

Übe das Einmaleins der 1, 2 und 7

Schreibe die Plusaufgabe mit Ergebnis oder nur das Ergebnis auf.
Beispiel: 4 • 7 = 7 + 7 + 7 + 7 = 28 **oder** 4 • 7 = 28

0 • 1 =	2 • 1 =	6 • 2 =
4 • 2 =	0 • 7 =	2 • 2 =
8 • 7 =	4 • 7 =	10 • 7 =
5 • 7 =	9 • 2 =	7 • 7 =
10 • 2 =	5 • 1 =	4 • 1 =
6 • 7 =	7 • 2 =	5 • 2 =
8 • 2 =	9 • 1 =	6 • 1 =
8 • 1 =	3 • 7 =	7 • 1 =
1 • 1 =	3 • 1 =	1 • 7 =
0 • 2 =	10 • 1 =	1 • 2 =
6 • 2 =	2 • 2 =	9 • 2 =
5 • 7 =	3 • 2 =	9 • 7 =
10 • 7 =	7 • 7 =	8 • 7 =
0 • 7 =	7 • 1 =	1 • 1 =
4 • 7 =	2 • 1 =	6 • 7 =
2 • 7 =	1 • 2 =	10 • 1 =
4 • 2 =	10 • 2 =	0 • 1 =
4 • 1 =	8 • 1 =	3 • 7 =
6 • 1 =	8 • 2 =	5 • 2 =
5 • 1 =	1 • 7 =	0 • 2 =

Einmaleins-Bildposter 8 für den Klassenraum (10-fach kopieren und als Bilder-Einmaleins-Reihe aufhängen)

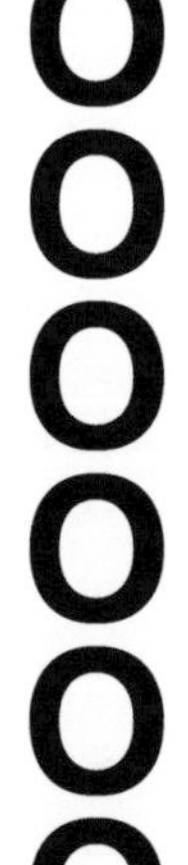

Klopfe die Malaufgabe auf einen Tisch, an die Wand oder eine Tür. Hört und errät ein Mitschüler die Malaufgabe?

8 mal klopfen + Pause + 8 mal klopfen =
2 • 8 = 16

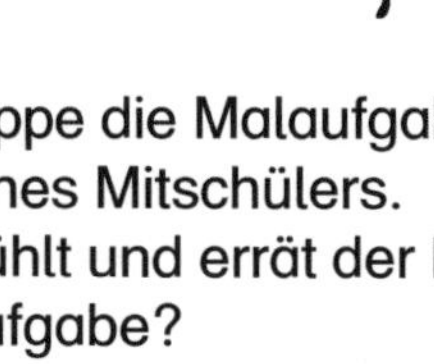

Tippe die Malaufgabe auf den Rücken eines Mitschülers. Fühlt und errät der Mitschüler die Malaufgabe?

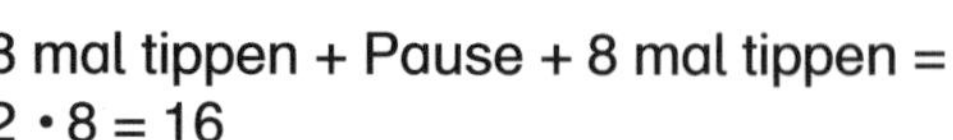

8 mal tippen + Pause + 8 mal tippen =
2 • 8 = 16

_____ • 8 = _____

Bernd Wehren: Der Einmaleins-Führerschein · Kleines Einmaleins · Best.-Nr. 097

Die 8er-Spinnenbeine-Reihe: Wie viele sind in einer Reihe?

1. Ergänze das Pluszeichen zwischen den Bildern.
2. Schreibe die Malaufgabe und das Ergebnis neben die Bilder.

= 1 • 8 =

8

+ = 2 • 8 =

8 8

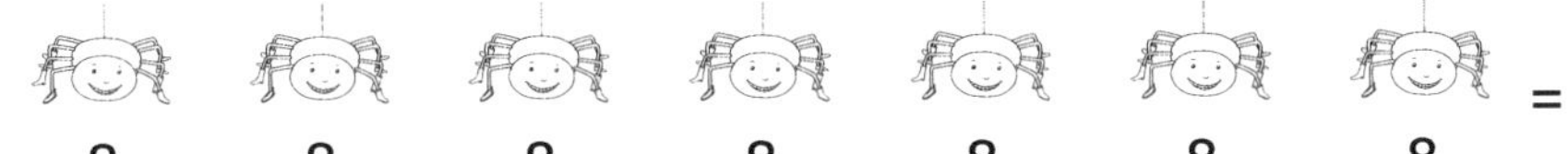 =

8 8 8 8 8 8 8

 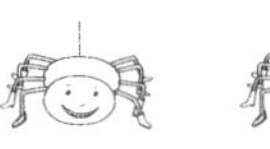  =

8 8 8 8 8 8

 =

8 8 8 8 8 8 8 8 8

=

8 8 8 8

=

8 8 8

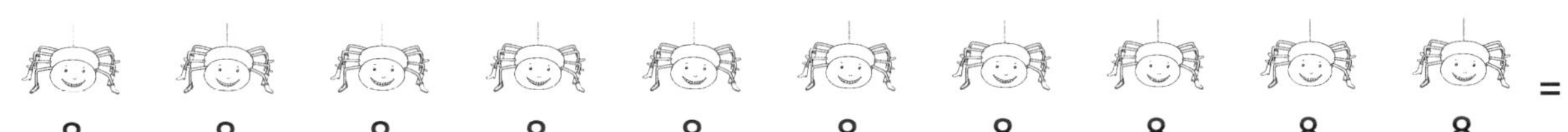    =

8 8 8 8 8 8 8 8 8 8

=

8 8 8 8 8

=

8 8 8 8 8 8 8 8

Spieltipps:

1. Dein Tischnachbar sitzt mit dem Rücken zu dir und hält das Bildkärtchen-Arbeitsblatt in seinen Händen. a) Nun klopfst du eine Malaufgabe auf den Tisch. b) Oder du tippst eine Malaufgabe auf seinen Rücken.
   Dein Tischnachbar versucht, die Malaufgabe a) zu hören oder b) zu fühlen, und sagt dann das Ergebnis. Wechselt euch ab. Wer hat zuerst 5 richtige Malaufgaben mit Ergebnis genannt?

2. Schneide die einzelnen Bildkärtchen-Reihen ohne Malaufgabe und ohne Ergebnis aus und wähle eine Reihe, um sie deinen Mitschülern (1–5 Schüler) vorzulegen. Sie versuchen nun, das richtige Ergebnis zu nennen. Wer hat zuerst 5 richtige Ergebnisse genannt? Wechselt reihum den „Aufgabenleger“.

Die 1 · 8-Aufgaben

Zeichne Punkte, trage Zahlen ein und rechne.

8 = 1 · 8 = ___

8 + 8 = ___ · 8 = ___

8 + 8 + 8 = ___ · 8 = ___

8 + 8 + 8 + 8 = 4 · ___ = ___

8 + 8 + 8 + 8 + 8 = 5 · ___ = ___

8 + 8 + 8 + 8 + 8 + 8 + 8 = ___ · 8 = ___

8 + 8 + 8 + 8 + 8 + 8 + 8 + 8 + 8 + 8 = ___ · 8 = ___

8 + 8 + 8 + 8 + 8 + 8 = ___ · 8 = ___

8 + 8 + 8 + 8 + 8 + 8 + 8 + 8 = ___ · 8 = ___

8 + 8 + 8 + 8 + 8 + 8 + 8 + 8 + 8 = ___ · 8 = ___

Rechne (1 · 8-Aufgaben):

2 · 8 = ___	8 · 8 = ___	3 · 8 = ___
4 · 8 = ___	9 · 8 = ___	10 · 8 = ___
0 · 8 = ___	7 · 8 = ___	6 · 8 = ___

Die 8er-Reihe:

8 ___ 24 ___ 40 ___ 56 ___ ___ 80

Überlege:

Das Ergebnis einer 1 · 8-Aufgabe ist immer
... das Doppelte der gleichen 1 · 4-Aufgabe (5 · 4 = 20 5 · 8 = 40),
... gerade, nie ungerade. Warum?

Bernd Wehren: Der Einmaleins-Führerschein · Kleines Einmaleins · Best.-Nr. 097

Einmaleins-Domino und Einmaleins-Memo zum Üben des 1 • 8

Schneide die Kärtchen aus und mische sie. Spielt Domino.

64 9 • 8 8 + 8 + 8 + 8 + 8 + 8 + 8 + 8 + 8	72 4 • 8 8 + 8 + 8 + 8	32 2 • 8 8 + 8
16 1 • 8 8	8 7 • 8 8 + 8 + 8 + 8 + 8 + 8 + 8	56 0 • 8
0 6 • 8 8 + 8 + 8 + 8 + 8 + 8	48 10 • 8 8 + 8 + 8 + 8 + 8 + 8 + 8 + 8 + 8 + 8	80 3 • 8 8 + 8 + 8
24 5 • 8 8 + 8 + 8 + 8 + 8	40 8 • 8 8 + 8 + 8 + 8 + 8 + 8 + 8 + 8	

Schneide die Kärtchen aus, mische sie und lege sie verdeckt auf den Tisch. Spielt Memo.

0 • 8	1 • 8	2 • 8
3 • 8	4 • 8	5 • 8
6 • 8	7 • 8	8 • 8
9 • 8	10 • 8	
0	8	16
24	32	40
48	56	64
72	80	

Übe das Einmaleins der 1, 2 und 8

Schreibe die Plusaufgabe mit Ergebnis oder nur das Ergebnis auf.
Beispiel: 4 • 8 = 8 + 8 + 8 + 8 = 32 **oder** 4 • 8 = 32

8 • 2 = ______	5 • 8 = ______	0 • 1 = ______
7 • 1 = ______	8 • 8 = ______	2 • 2 = ______
9 • 1 = ______	1 • 8 = ______	5 • 2 = ______
9 • 8 = ______	2 • 8 = ______	0 • 2 = ______
6 • 8 = ______	3 • 2 = ______	0 • 8 = ______
3 • 1 = ______	4 • 8 = ______	7 • 2 = ______
3 • 8 = ______	6 • 1 = ______	8 • 1 = ______
2 • 1 = ______	1 • 1 = ______	1 • 2 = ______
4 • 1 = ______	4 • 2 = ______	10 • 8 = ______
0 • 1 = ______	6 • 2 = ______	0 • 2 = ______
7 • 1 = ______	5 • 8 = ______	2 • 8 = ______
5 • 2 = ______	1 • 8 = ______	6 • 1 = ______
3 • 2 = ______	7 • 8 = ______	8 • 8 = ______
9 • 8 = ______	9 • 2 = ______	8 • 1 = ______
9 • 1 = ______	1 • 1 = ______	2 • 2 = ______
8 • 2 = ______	2 • 1 = ______	3 • 8 = ______
10 • 1 = ______	6 • 8 = ______	5 • 1 = ______
3 • 1 = ______	1 • 2 = ______	10 • 2 = ______
0 • 8 = ______	4 • 8 = ______	7 • 2 = ______
4 • 1 = ______	5 • 8 = ______	2 • 8 = ______

Bernd Wehren: Der Einmaleins-Führerschein · Kleines Einmaleins · Best.-Nr. 097

Einmaleins-Bildposter 9 für den Klassenraum (10-fach kopieren und als Bilder-Einmaleins-Reihe aufhängen)

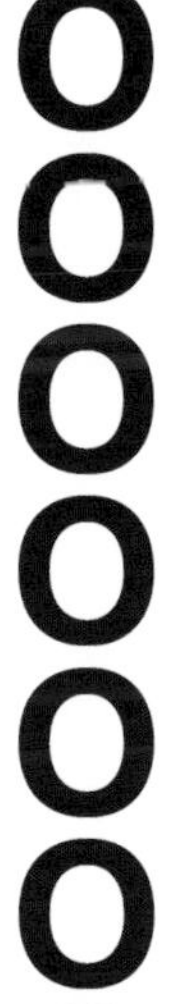

Klopfe die Malaufgabe auf einen Tisch, an die Wand oder eine Tür.
Hört und errät ein Mitschüler die Malaufgabe?

9 mal klopfen + Pause + 9 mal klopfen =
2 • 9 = 18

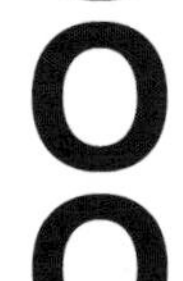

Tippe die Malaufgabe auf den Rücken eines Mitschülers.
Fühlt und errät der Mitschüler die Malaufgabe?

9 mal tippen + Pause + 9 mal tippen =
2 • 9 = 18

______ **• 9 =** ______

Die 9er-Kegel-Reihe: Wie viele sind in einer Reihe?

1. Ergänze das Pluszeichen zwischen den Bildern.
2. Schreibe die Malaufgabe und das Ergebnis neben die Bilder.

9 = 1 • 9 =

9 + 9 = 2 • 9 =

9 9 9 9 9 9 =

9 9 9 9 9 =

9 9 9 9 =

9 9 9 =

9 9 9 9 9 9 9 9 9 9 =

9 9 9 9 9 9 9 9 9 =

9 9 9 9 9 9 9 9 =

9 9 9 9 9 9 9 =

Spieltipps:

1. Dein Tischnachbar sitzt mit dem Rücken zu dir und hält das Bildkärtchen-Arbeitsblatt in seinen Händen. a) Nun klopfst du eine Malaufgabe auf den Tisch. b) Oder du tippst eine Malaufgabe auf seinen Rücken.
   Dein Tischnachbar versucht, die Malaufgabe a) zu hören oder b) zu fühlen, und sagt dann das Ergebnis. Wechselt euch ab. Wer hat zuerst 5 richtige Malaufgaben mit Ergebnis genannt?

2. Schneide die einzelnen Bildkärtchen-Reihen ohne Malaufgabe und ohne Ergebnis aus und wähle eine Reihe, um sie deinen Mitschülern (1–5 Schüler) vorzulegen. Sie versuchen nun, das richtige Ergebnis zu nennen. Wer hat zuerst 5 richtige Ergebnisse genannt? Wechselt reihum den „Aufgabenleger“.

Bernd Wehren: Der Einmaleins-Führerschein · Kleines Einmaleins · Best.-Nr. 097

Die 1 • 9-Aufgaben

Zeichne Punkte, trage Zahlen ein und rechne.

9 = 1 • 9 = ___

9 + 9 = 2 • ___ = ___

9 + 9 + 9 + 9 = ___ • 9 = ___

9 + 9 + 9 = ___ • 9 = ___

9 + 9 + 9 + 9 + 9 = ___ • 9 = ___

9 + 9 + 9 + 9 + 9 + 9 + 9 + 9 + 9 = ___ • 9 = ___

9 + 9 + 9 + 9 + 9 + 9 + 9 = ___ • 9 = ___

9 + 9 + 9 + 9 + 9 + 9 = ___ • 9 = ___

9 + 9 + 9 + 9 + 9 + 9 + 9 + 9 = 8 • ___ = ___

9 + 9 + 9 + 9 + 9 + 9 + 9 + 9 + 9 + 9 = ___ • 9 = ___

Rechne (1 • 9-Aufgaben):

2 • 9 = ___ 6 • 9 = ___ 10 • 9 = ___

3 • 9 = ___ 8 • 9 = ___ 5 • 9 = ___

9 • 9 = ___ 7 • 9 = ___ 4 • 9 = ___

Die 9er-Reihe:

9 ___ 27 ___ ___ 54 ___ ___ ___ 90

Überlege:

Das Ergebnis einer 1 • 9-Aufgabe ist immer ... das Dreifache der gleichen 1 • 3-Aufgabe (10 • 3 = 30 10 • 9 = 90). Warum?

Merke:

Bei der 9er-Reihe erhöht sich der Zehner immer um 1, während sich der Einer immer um 1 verringert:
09, 18, 27, 36, 45, 54, 63, 72, 81, 90.

Einmaleins-Domino und Einmaleins-Memo zum Üben des 1 • 9

Schneide die Kärtchen aus und mische sie. Spielt Domino.

72 — 7 • 9 (9 + 9 + 9 + 9 + 9 + 9 + 9)	63 — 3 • 9 (9 + 9 + 9)	27 — 5 • 9 (9 + 9 + 9 + 9 + 9)
45 — 1 • 9 (9)	9 — 9 • 9 (9 + 9 + 9 + 9 + 9 + 9 + 9 + 9 + 9)	81 — 2 • 9 (9 + 9)
18 — 4 • 9 (9 + 9 + 9 + 9)	36 — 10 • 9 (9 + 9 + 9 + 9 + 9 + 9 + 9 + 9 + 9 + 9)	90 — 6 • 9 (9 + 9 + 9 + 9 + 9 + 9)
54 — 0 • 9	0 — 8 • 9 (9 + 9 + 9 + 9 + 9 + 9 + 9 + 9)	

Schneide die Kärtchen aus, mische sie und lege sie verdeckt auf den Tisch. Spielt Memo.

0 • 9	1 • 9	2 • 9
3 • 9	4 • 9	5 • 9
6 • 9	7 • 9	8 • 9
9 • 9	10 • 9	
0	9	18
27	36	45
54	63	72
81	90	

Übe das Einmaleins der 1, 2 und 9

Schreibe die Plusaufgabe mit Ergebnis oder nur das Ergebnis auf.
Beispiel: 4 • 9 = 9 + 9 + 9 + 9 = 36 **oder** 4 • 9 = 36

3 • 2 =	10 • 9 =	2 • 9 =
6 • 9 =	9 • 9 =	7 • 2 =
6 • 1 =	8 • 9 =	4 • 2 =
7 • 9 =	7 • 1 =	10 • 1 =
3 • 9 =	1 • 2 =	6 • 2 =
2 • 1 =	8 • 2 =	2 • 2 =
5 • 9 =	5 • 2 =	0 • 9 =
0 • 1 =	10 • 2 =	8 • 1 =
1 • 9 =	1 • 1 =	9 • 1 =
5 • 1 =	4 • 1 =	3 • 1 =
2 • 9 =	4 • 2 =	10 • 9 =
7 • 1 =	10 • 1 =	7 • 9 =
4 • 9 =	7 • 2 =	3 • 2 =
9 • 9 =	8 • 9 =	5 • 2 =
6 • 2 =	3 • 9 =	4 • 1 =
0 • 1 =	6 • 1 =	9 • 1 =
9 • 2 =	0 • 2 =	6 • 9 =
1 • 1 =	1 • 9 =	10 • 2 =
2 • 1 =	5 • 9 =	8 • 2 =
3 • 1 =	8 • 1 =	2 • 2 =

Einmaleins-Bildposter 10 für den Klassenraum (10-fach kopieren und als Bilder-Einmaleins-Reihe aufhängen)

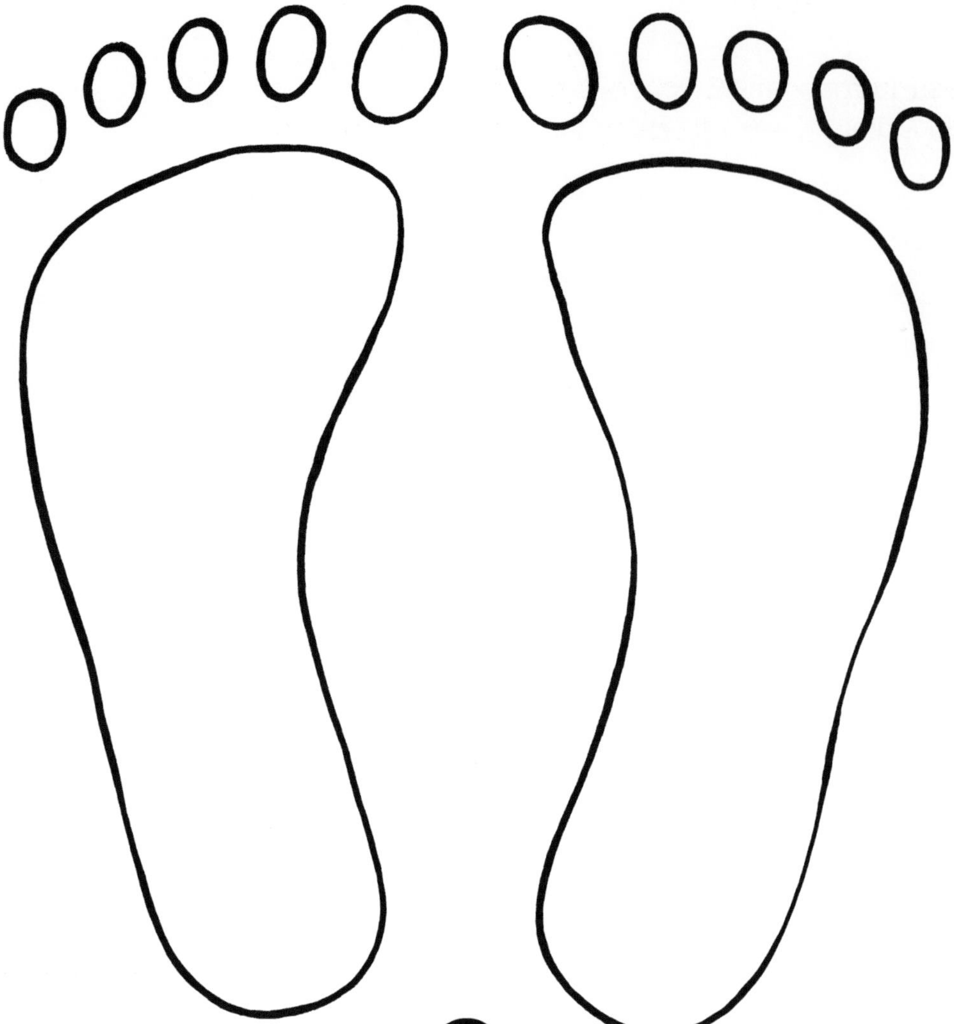

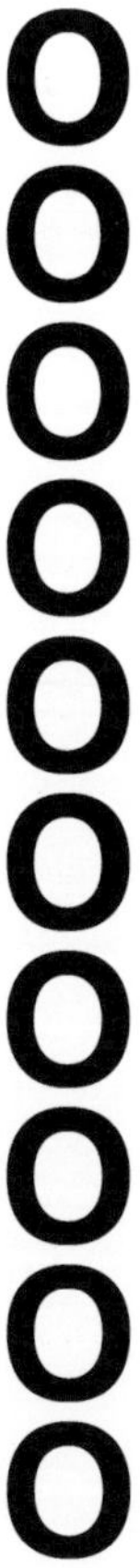

O
O
O
O
O
O
O
O
O
O

Klopfe die Malaufgabe auf einen Tisch, an die Wand oder eine Tür. Hört und errät ein Mitschüler die Malaufgabe?

10 mal klopfen + Pause + 10 mal klopfen = 2 • 10 = 20

Tippe die Malaufgabe auf den Rücken eines Mitschülers. Fühlt und errät der Mitschüler die Malaufgabe?

10 mal tippen + Pause + 10 mal tippen = 2 • 10 = 20

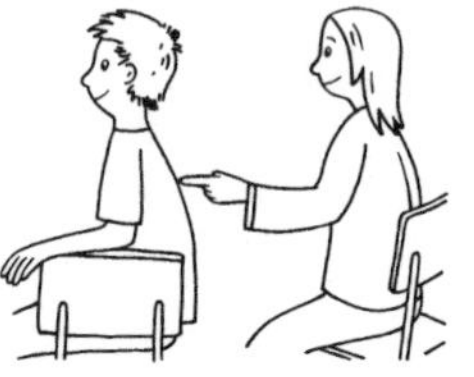

_____ • **10 =** _____

Die 10er-Zehen-Reihe: Wie viele sind in einer Reihe?

1. Ergänze das Pluszeichen zwischen den Bildern.
2. Schreibe die Malaufgabe und das Ergebnis neben die Bilder.

10 = 1 • 10 =

---

10 + 10 = 2 • 10 =

---

10 10 10 10 10 10 10 10 10 10 =

---

10 10 10 10 10 10 10 10 10 =

---

10 10 10 10 10 10 10 10 =

---

10 10 10 10 10 10 10 =

---

10 10 10 10 10 10 =

---

10 10 10 10 10 =

---

10 10 10 10 =

---

10 10 10 =

Spieltipps:

1. Dein Tischnachbar sitzt mit dem Rücken zu dir und hält das Bildkärtchen-Arbeitsblatt in seinen Händen. a) Nun klopfst du eine Malaufgabe auf den Tisch. b) Oder du tippst eine Malaufgabe auf seinen Rücken.
   Dein Tischnachbar versucht, die Malaufgabe a) zu hören oder b) zu fühlen, und sagt dann das Ergebnis. Wechselt euch ab. Wer hat zuerst 5 richtige Malaufgaben mit Ergebnis genannt?

2. Schneide die einzelnen Bildkärtchen-Reihen ohne Malaufgabe und ohne Ergebnis aus und wähle eine Reihe, um sie deinen Mitschülern (1–5 Schüler) vorzulegen. Sie versuchen nun, das richtige Ergebnis zu nennen. Wer hat zuerst 5 richtige Ergebnisse genannt? Wechselt reihum den „Aufgabenleger“.

Die 1 • 10-Aufgaben

Zeichne Punkte, trage Zahlen ein und rechne.

10 = 1 • 10 = ___

10 + 10 = 2 • 10 = ___

10 + 10 + 10 = ___ • 10 = ___

10 + 10 + 10 + 10 = ___ • 10 = ___

10 + 10 + 10 + 10 + 10 = 5 • ___ = ___

10 + 10 + 10 + 10 + 10 + 10 = ___ • 10 = ___

10 + 10 + 10 + 10 + 10 + 10 + 10 + 10 = ___ • 10 = ___

10 + 10 + 10 + 10 + 10 + 10 + 10 = ___ • 10 = ___

10 + 10 + 10 + 10 + 10 + 10 + 10 + 10 + 10 + 10 = ___ • 10 = ___

10 + 10 + 10 + 10 + 10 + 10 + 10 + 10 + 10 = 9 • 10 = ___

Rechne (1 • 10-Aufgaben):

2 • 10 = ___	6 • 10 = ___	9 • 10 = ___
3 • 10 = ___	8 • 10 = ___	5 • 10 = ___
7 • 10 = ___	10 • 10 = ___	4 • 10 = ___

Die 10er-Reihe:

10 ___ 30 ___ ___ 60 ___ ___ 90 ___

Überlege:

Das Ergebnis einer 1 • 10-Aufgabe ist immer
... gerade, nie ungerade,
... mit einer 0 an der Einerstelle (E),
... das Doppelte der gleichen 1 • 5-Aufgabe (6 • 5 = 30 6 • 10 = 60). Warum?

Bernd Wehren: Der Einmaleins-Führerschein · Kleines Einmaleins · Best.-Nr. 097

Einmaleins-Domino und Einmaleins-Memo zum Üben des 1 • 10

Schneide die Kärtchen aus und mische sie. Spielt Domino.

10 — 4 • 10 (10 + 10 + 10 + 10)	40 — 5 • 10 (10 + 10 + 10 + 10 + 10)	50 — 3 • 10 (10 + 10 + 10)
30 — 8 • 10 (10 + 10 + 10 + 10 + 10 + 10 + 10 + 10)	80 — 7 • 10 (10 + 10 + 10 + 10 + 10 + 10 + 10)	70 — 6 • 10 (10 + 10 + 10 + 10 + 10 + 10)
60 — 9 • 10 (10 + 10 + 10 + 10 + 10 + 10 + 10 + 10 + 10)	90 — 10 • 10 (10 + 10 + 10 + 10 + 10 + 10 + 10 + 10 + 10 + 10)	100 — 2 • 10 (10 + 10)
20 — 0 • 10	0 — 1 • 10 (10)	

Schneide die Kärtchen aus, mische sie und lege sie verdeckt auf den Tisch. Spielt Memo.

0 • 10	**1 • 10**	**2 • 10**
3 • 10	**4 • 10**	**5 • 10**
6 • 10	**7 • 10**	**8 • 10**
9 • 10	**10 • 10**	
0	**10**	**20**
30	**40**	**50**
60	**70**	**80**
90	**100**	

Übe das Einmaleins der 1, 2 und 10

Schreibe die Plusaufgabe mit Ergebnis oder nur das Ergebnis auf.
Beispiel: 4 · 10 = 10 + 10 + 10 + 10 = 40 **oder** 4 · 10 = 40

5 · 2 = ______	2 · 10 = ______	3 · 2 = ______
6 · 2 = ______	6 · 1 = ______	8 · 10 = ______
8 · 2 = ______	7 · 2 = ______	7 · 10 = ______
9 · 2 = ______	8 · 1 = ______	10 · 10 = ______
9 · 10 = ______	5 · 1 = ______	0 · 10 = ______
2 · 2 = ______	3 · 1 = ______	0 · 1 = ______
4 · 2 = ______	10 · 2 = ______	6 · 10 = ______
0 · 2 = ______	5 · 10 = ______	10 · 1 = ______
3 · 10 = ______	4 · 1 = ______	1 · 10 = ______
1 · 2 = ______	7 · 1 = ______	9 · 1 = ______
1 · 1 = ______	2 · 1 = ______	6 · 1 = ______
10 · 10 = ______	7 · 10 = ______	8 · 10 = ______
3 · 2 = ______	2 · 10 = ______	9 · 2 = ______
8 · 1 = ______	8 · 2 = ______	0 · 10 = ______
4 · 10 = ______	5 · 1 = ______	1 · 1 = ______
7 · 2 = ______	9 · 10 = ______	6 · 2 = ______
5 · 2 = ______	5 · 10 = ______	1 · 2 = ______
4 · 1 = ______	3 · 10 = ______	3 · 1 = ______
0 · 2 = ______	2 · 1 = ______	4 · 2 = ______
0 · 1 = ______	10 · 2 = ______	7 · 1 = ______

Bernd Wehren: Der Einmaleins-Führerschein · Kleines Einmaleins · Best.-Nr. 097

Gemischte Aufgaben: Übungsblatt 1

a)

3 · 7 = ____
9 · 5 = ____
2 · 7 = ____
1 · 9 = ____
6 · 9 = ____
1 · 7 = ____
6 · 4 = ____
10 · 8 = ____
3 · 2 = ____
4 · 1 = ____
6 · 2 = ____
4 · 8 = ____
6 · 7 = ____
6 · 10 = ____
10 · 4 = ____
8 · 3 = ____
9 · 3 = ____
2 · 2 = ____
2 · 9 = ____
10 · 3 = ____

b)

1 · 3 = ____
7 · 4 = ____
7 · 10 = ____
3 · 1 = ____
5 · 1 = ____
7 · 3 = ____
9 · 4 = ____
5 · 5 = ____
7 · 9 = ____
1 · 2 = ____
4 · 2 = ____
2 · 3 = ____
4 · 9 = ____
8 · 7 = ____
3 · 9 = ____
3 · 6 = ____
2 · 4 = ____
7 · 6 = ____
4 · 7 = ____
7 · 8 = ____

c)

8 · 5 = ____
6 · 6 = ____
5 · 2 = ____
9 · 7 = ____
4 · 10 = ____
8 · 6 = ____
9 · 2 = ____
3 · 8 = ____
2 · 10 = ____
1 · 8 = ____
5 · 8 = ____
1 · 10 = ____
2 · 6 = ____
8 · 8 = ____
4 · 4 = ____
10 · 10 = ____
10 · 2 = ____
8 · 1 = ____
10 · 9 = ____
3 · 4 = ____

d)

2 · 5 = ____
5 · 9 = ____
5 · 6 = ____
7 · 7 = ____
4 · 5 = ____
1 · 4 = ____
3 · 5 = ____
5 · 7 = ____
2 · 1 = ____
1 · 6 = ____
7 · 5 = ____
8 · 9 = ____
6 · 8 = ____
9 · 6 = ____
5 · 3 = ____
10 · 6 = ____
1 · 1 = ____
8 · 2 = ____
10 · 5 = ____
7 · 2 = ____

Gemischte Aufgaben: Übungsblatt 2

a)	b)	c)	d)
$9 \cdot 1 =$ ____	$3 \cdot 5 =$ ____	$1 \cdot 3 =$ ____	$1 \cdot 1 =$ ____
$7 \cdot 3 =$ ____	$10 \cdot 6 =$ ____	$5 \cdot 4 =$ ____	$5 \cdot 1 =$ ____
$2 \cdot 9 =$ ____	$3 \cdot 10 =$ ____	$9 \cdot 2 =$ ____	$3 \cdot 9 =$ ____
$0 \cdot 9 =$ ____	$7 \cdot 2 =$ ____	$4 \cdot 8 =$ ____	$6 \cdot 3 =$ ____
$3 \cdot 1 =$ ____	$9 \cdot 7 =$ ____	$4 \cdot 10 =$ ____	$7 \cdot 6 =$ ____
$6 \cdot 7 =$ ____	$3 \cdot 8 =$ ____	$10 \cdot 5 =$ ____	$9 \cdot 9 =$ ____
$0 \cdot 8 =$ ____	$9 \cdot 5 =$ ____	$6 \cdot 5 =$ ____	$6 \cdot 10 =$ ____
$7 \cdot 7 =$ ____	$5 \cdot 10 =$ ____	$1 \cdot 6 =$ ____	$1 \cdot 10 =$ ____
$8 \cdot 1 =$ ____	$5 \cdot 6 =$ ____	$2 \cdot 7 =$ ____	$0 \cdot 1 =$ ____
$9 \cdot 10 =$ ____	$10 \cdot 7 =$ ____	$1 \cdot 4 =$ ____	$4 \cdot 3 =$ ____
$6 \cdot 1 =$ ____	$9 \cdot 4 =$ ____	$2 \cdot 4 =$ ____	$2 \cdot 1 =$ ____
$8 \cdot 10 =$ ____	$6 \cdot 2 =$ ____	$4 \cdot 4 =$ ____	$5 \cdot 3 =$ ____
$5 \cdot 5 =$ ____	$1 \cdot 5 =$ ____	$1 \cdot 2 =$ ____	$2 \cdot 10 =$ ____
$0 \cdot 5 =$ ____	$8 \cdot 2 =$ ____	$2 \cdot 5 =$ ____	$4 \cdot 2 =$ ____
$1 \cdot 9 =$ ____	$3 \cdot 2 =$ ____	$4 \cdot 1 =$ ____	$8 \cdot 6 =$ ____
$8 \cdot 7 =$ ____	$0 \cdot 4 =$ ____	$10 \cdot 9 =$ ____	$5 \cdot 2 =$ ____
$2 \cdot 8 =$ ____	$8 \cdot 9 =$ ____	$3 \cdot 4 =$ ____	$0 \cdot 6 =$ ____
$7 \cdot 10 =$ ____	$2 \cdot 3 =$ ____	$10 \cdot 3 =$ ____	$10 \cdot 8 =$ ____
$6 \cdot 4 =$ ____	$0 \cdot 3 =$ ____	$5 \cdot 1 =$ ____	$6 \cdot 1 =$ ____
$8 \cdot 8 =$ ____	$1 \cdot 8 =$ ____	$9 \cdot 8 =$ ____	$3 \cdot 3 =$ ____

Bernd Wehren: Der Einmaleins-Führerschein · Kleines Einmaleins · Best.-Nr. 097

Gemischte Aufgaben: Übungsblatt 3

a)	b)	c)	d)
2 • 4 = ______	7 • 8 = ______	1 • 10 = ______	7 • 4 = ______
5 • 4 = ______	3 • 6 = ______	2 • 3 = ______	9 • 1 = ______
0 • 8 = ______	8 • 1 = ______	4 • 3 = ______	6 • 2 = ______
4 • 9 = ______	10 • 3 = ______	3 • 5 = ______	3 • 2 = ______
4 • 7 = ______	0 • 5 = ______	1 • 4 = ______	1 • 5 = ______
9 • 2 = ______	7 • 3 = ______	5 • 3 = ______	6 • 8 = ______
10 • 7 = ______	10 • 2 = ______	10 • 6 = ______	0 • 1 = ______
2 • 8 = ______	3 • 8 = ______	0 • 9 = ______	9 • 8 = ______
7 • 1 = ______	9 • 3 = ______	7 • 5 = ______	4 • 10 = ______
10 • 10 = ______	2 • 7 = ______	1 • 7 = ______	4 • 1 = ______
6 • 10 = ______	2 • 9 = ______	1 • 3 = ______	10 • 5 = ______
0 • 2 = ______	0 • 7 = ______	5 • 5 = ______	3 • 7 = ______
9 • 7 = ______	8 • 2 = ______	2 • 1 = ______	5 • 8 = ______
5 • 10 = ______	8 • 9 = ______	8 • 8 = ______	7 • 7 = ______
8 • 10 = ______	5 • 7 = ______	4 • 5 = ______	7 • 9 = ______
0 • 4 = ______	2 • 5 = ______	1 • 9 = ______	8 • 3 = ______
8 • 6 = ______	8 • 7 = ______	6 • 7 = ______	8 • 5 = ______
6 • 9 = ______	9 • 9 = ______	8 • 4 = ______	6 • 1 = ______
0 • 10 = ______	10 • 8 = ______	4 • 6 = ______	3 • 9 = ______
5 • 9 = ______	6 • 6 = ______	2 • 6 = ______	1 • 8 = ______

Gemischte Aufgaben: Übungsblatt 4

a)

$3 \cdot 9 =$ ______
$7 \cdot 7 =$ ______
$9 \cdot 8 =$ ______
$5 \cdot 1 =$ ______
$7 \cdot 4 =$ ______
$4 \cdot 7 =$ ______
$4 \cdot 10 =$ ______
$7 \cdot 8 =$ ______
$2 \cdot 4 =$ ______
$0 \cdot 4 =$ ______
$3 \cdot 3 =$ ______
$5 \cdot 8 =$ ______
$0 \cdot 7 =$ ______
$1 \cdot 3 =$ ______
$10 \cdot 7 =$ ______
$1 \cdot 5 =$ ______
$5 \cdot 3 =$ ______
$4 \cdot 8 =$ ______
$6 \cdot 5 =$ ______
$2 \cdot 1 =$ ______

b)

$6 \cdot 3 =$ ______
$10 \cdot 1 =$ ______
$10 \cdot 6 =$ ______
$2 \cdot 10 =$ ______
$8 \cdot 6 =$ ______
$8 \cdot 7 =$ ______
$3 \cdot 2 =$ ______
$6 \cdot 10 =$ ______
$2 \cdot 3 =$ ______
$3 \cdot 8 =$ ______
$9 \cdot 3 =$ ______
$9 \cdot 4 =$ ______
$10 \cdot 8 =$ ______
$7 \cdot 2 =$ ______
$4 \cdot 4 =$ ______
$7 \cdot 3 =$ ______
$1 \cdot 2 =$ ______
$5 \cdot 10 =$ ______
$0 \cdot 2 =$ ______
$4 \cdot 6 =$ ______

c)

$8 \cdot 2 =$ ______
$1 \cdot 9 =$ ______
$9 \cdot 7 =$ ______
$8 \cdot 10 =$ ______
$6 \cdot 1 =$ ______
$2 \cdot 5 =$ ______
$6 \cdot 9 =$ ______
$5 \cdot 9 =$ ______
$8 \cdot 3 =$ ______
$0 \cdot 3 =$ ______
$0 \cdot 9 =$ ______
$4 \cdot 5 =$ ______
$7 \cdot 9 =$ ______
$3 \cdot 5 =$ ______
$9 \cdot 6 =$ ______
$5 \cdot 5 =$ ______
$5 \cdot 4 =$ ______
$10 \cdot 5 =$ ______
$8 \cdot 4 =$ ______
$3 \cdot 10 =$ ______

d)

$3 \cdot 7 =$ ______
$7 \cdot 10 =$ ______
$3 \cdot 1 =$ ______
$2 \cdot 2 =$ ______
$0 \cdot 6 =$ ______
$3 \cdot 6 =$ ______
$4 \cdot 3 =$ ______
$7 \cdot 1 =$ ______
$7 \cdot 5 =$ ______
$1 \cdot 6 =$ ______
$6 \cdot 2 =$ ______
$0 \cdot 10 =$ ______
$9 \cdot 1 =$ ______
$0 \cdot 1 =$ ______
$4 \cdot 2 =$ ______
$9 \cdot 5 =$ ______
$1 \cdot 4 =$ ______
$9 \cdot 10 =$ ______
$2 \cdot 7 =$ ______
$8 \cdot 8 =$ ______

Bernd Wehren: Der Einmaleins-Führerschein · Kleines Einmaleins · Best.-Nr. 097

Gemischte Aufgaben: Übungsblatt 5

a)	b)	c)	d)
7 • 7 = ______	10 • 1 = ______	10 • 10 = ______	8 • 3 = ______
2 • 4 = ______	9 • 5 = ______	3 • 6 = ______	1 • 7 = ______
1 • 1 = ______	1 • 10 = ______	7 • 10 = ______	0 • 5 = ______
10 • 8 = ______	2 • 3 = ______	6 • 8 = ______	7 • 3 = ______
5 • 9 = ______	8 • 2 = ______	0 • 9 = ______	5 • 5 = ______
10 • 9 = ______	6 • 3 = ______	1 • 4 = ______	9 • 3 = ______
5 • 3 = ______	0 • 7 = ______	10 • 4 = ______	2 • 6 = ______
2 • 1 = ______	7 • 1 = ______	7 • 4 = ______	5 • 7 = ______
2 • 10 = ______	4 • 3 = ______	2 • 9 = ______	6 • 1 = ______
2 • 8 = ______	0 • 2 = ______	1 • 3 = ______	3 • 5 = ______
6 • 5 = ______	9 • 8 = ______	9 • 10 = ______	9 • 4 = ______
3 • 1 = ______	5 • 1 = ______	5 • 2 = ______	8 • 5 = ______
1 • 5 = ______	1 • 6 = ______	10 • 2 = ______	7 • 2 = ______
3 • 10 = ______	3 • 7 = ______	1 • 2 = ______	6 • 9 = ______
5 • 4 = ______	10 • 3 = ______	1 • 8 = ______	7 • 9 = ______
0 • 8 = ______	1 • 9 = ______	6 • 6 = ______	3 • 4 = ______
8 • 7 = ______	2 • 5 = ______	7 • 8 = ______	4 • 8 = ______
3 • 8 = ______	6 • 2 = ______	8 • 10 = ______	9 • 2 = ______
8 • 4 = ______	5 • 6 = ______	4 • 4 = ______	6 • 7 = ______
5 • 8 = ______	3 • 3 = ______	6 • 10 = ______	5 • 10 = ______

Das kleine Einmaleins-Poster

(Auf DIN A3 vergrößern)

•	0	1	2	3	4	5	6	7	8	9	10
0	0	0	0	0	0	0	0	0	0	0	0
1	0	1	2	3	4	5	6	7	8	9	10
2	0	2	4	6	8	10	12	14	16	18	20
3	0	3	6	9	12	15	18	21	24	27	30
4	0	4	8	12	16	20	24	28	32	36	40
5	0	5	10	15	20	25	30	35	40	45	50
6	0	6	12	18	24	30	36	42	48	54	60
7	0	7	14	21	28	35	42	49	56	63	70
8	0	8	16	24	32	40	48	56	64	72	80
9	0	9	18	27	36	45	54	63	72	81	90
10	0	10	20	30	40	50	60	70	80	90	100

1er-Reihe:	1	2	3	4	5	6	7	8	9	10
2er-Reihe:	2	4	6	8	10	12	14	16	18	20
3er-Reihe:	3	6	9	12	15	18	21	24	27	30
4er-Reihe:	4	8	12	16	20	24	28	32	36	40
5er-Reihe:	5	10	15	20	25	30	35	40	45	50
6er-Reihe:	6	12	18	24	30	36	42	48	54	60
7er-Reihe:	7	14	21	28	35	42	49	56	63	70
8er-Reihe:	8	16	24	32	40	48	56	64	72	80
9er-Reihe:	9	18	27	36	45	54	63	72	81	90
10er-Reihe:	10	20	30	40	50	60	70	80	90	100

Was ist das „kleine Einmaleins"?

Einmaleins-Aufgaben sind „verkürzte" Plusaufgaben:

$2 + 2 + 2 + 2 + 2 + 2 + 2 = 7 \cdot 2 = 14$

Wieso sollte ich das „kleine Einmaleins" auswendig lernen?

Du lernst es auswendig, um „lange" Plusaufgaben nicht mehr ausrechnen zu müssen. So kannst du große Einmaleins-Aufgaben schneller ausrechnen:

$12 \cdot 4 = 10 \cdot 4 + 2 \cdot 4 = 40 + 8 = 48$
$7 \cdot 13 = 7 \cdot 10 + 7 \cdot 3 = 70 + 21 = 91$

(Auf Karton kopieren)

Das kleine Einmaleins-Bilder-Mau-Mau

Spielanleitung für 2 bis 6 Spieler

1. Mischt die Karten.
2. Jeder Spieler erhält 6 Karten.
3. Legt die restlichen Karten als verdeckten Ziehstapel in die Tischmitte und legt die oberste Karte offen daneben. Diese Karte gilt für den jüngsten Spieler.
4. Der jüngste Spieler legt nun eine passende Karte (von seinen Handkarten) auf die offene Karte. Die Karte muss entweder mit dem Bild (z. B.: **4** • Sonne und **7** • Sonne) oder mit der ersten Malzahl (z. B.: 3 • Sonne und 3 • Sockenpaar) übereinstimmen. **Wichtig:** Der Spieler muss dabei die Malaufgabe und das Ergebnis richtig nennen. Ist etwas falsch, muss er die Karte wieder aufnehmen. Ist beides richtig, bleibt die Karte liegen.
5. Nun ist der linke Mitspieler an der Reihe.
6. Die Quadratzahl-Karten sind die Aktionskarten:
   a) Ich wünsche mir … :
   Diese Karte darf auf jede andere Karte gelegt werden. Das gleiche Bild oder die gleiche erste Malzahl spielen bei dieser Karte keine Rolle. Mit dieser Karte darf man sich ein Bild wünschen, das gelegt werden muss: Sonne, Sockenpaar usw.
   b) Einmal aussetzen!
   Wenn diese Karte gelegt wird, darf erst der übernächste Spieler eine Karte legen.
   c) Zwei Karten ziehen!
   Wenn diese Karte gelegt wird, muss der nächste Spieler zwei Karten vom Ziehstapel ziehen.
   d) Richtungswechsel!
   Wenn diese Karte gelegt wird, ist der rechte, nicht der linke Spieler am Zug. In diese Spielrichtung wird auch weitergespielt.

Kann ein Spieler eine Karte nicht legen, muss er eine Karte vom Ziehstapel ziehen. Kann er danach immer noch nicht ablegen, ist der nächste Mitspieler an der Reihe.

Gewonnen hat der Spieler, der alle seine Karten als erster ablegen konnte. Er muss allerdings beim Legen der vorletzten Karte „Mau" und bei der letzten Karte „Mau Mau" sagen. Vergisst der Spieler das, muss er eine Karte ziehen und wieder eine Spielrunde warten.

Ich wünsche mir …

Quadratzahl

(Auf Karton kopieren)

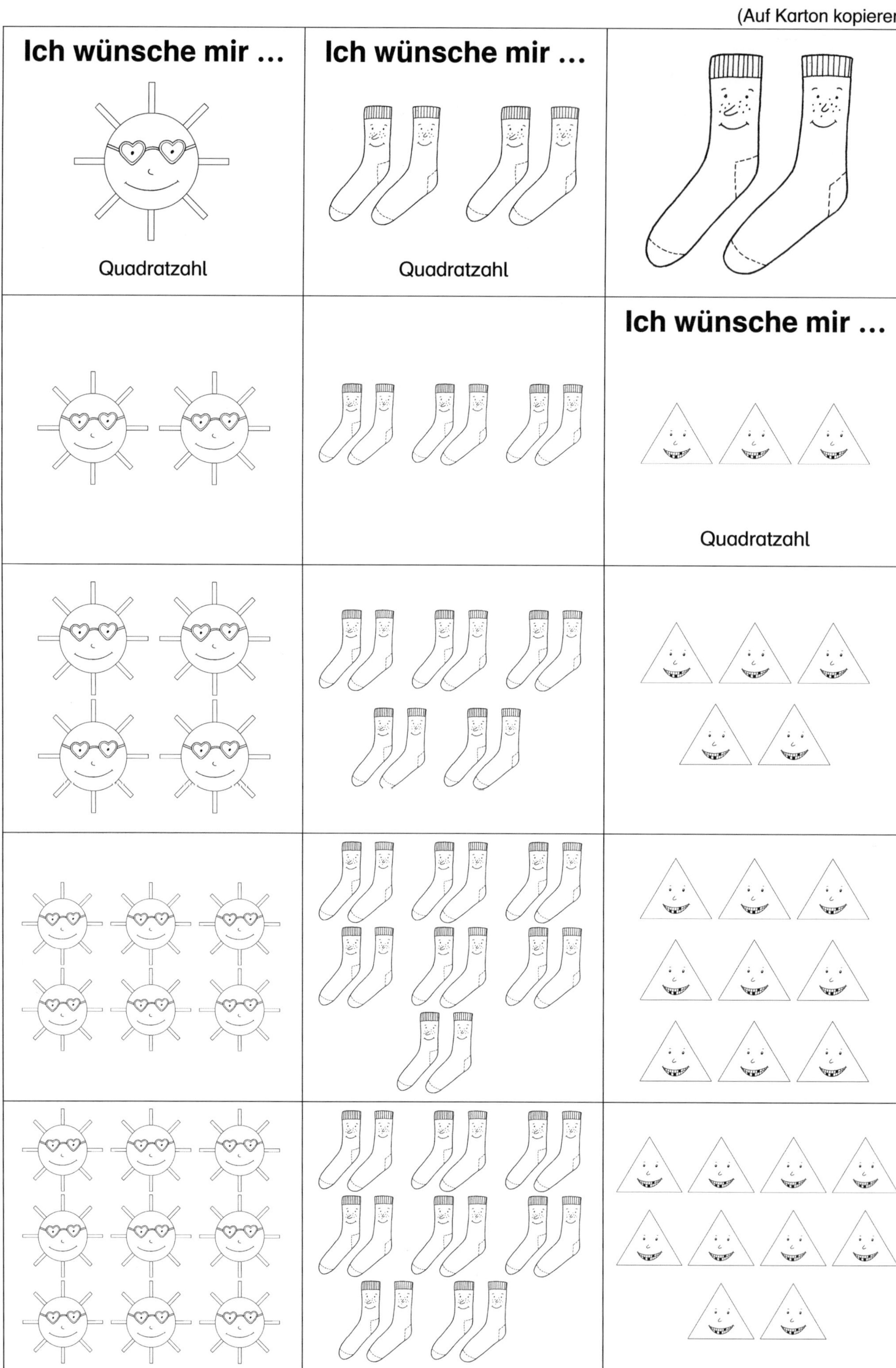

(Auf Karton kopieren)

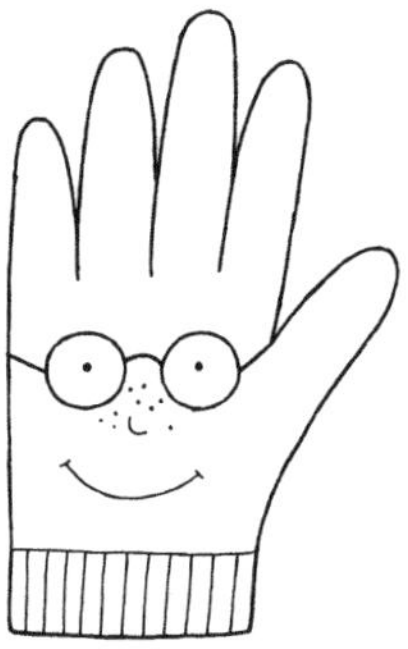

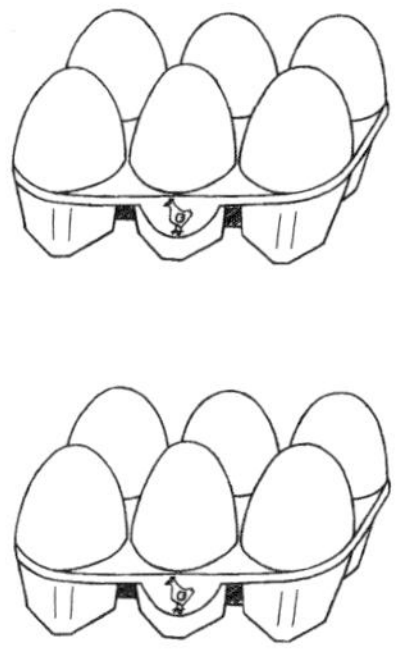

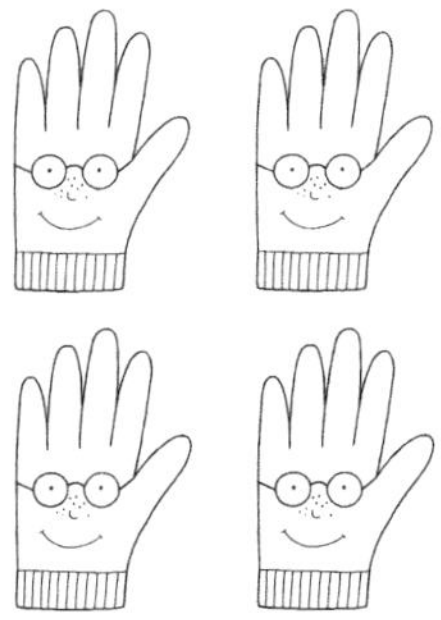

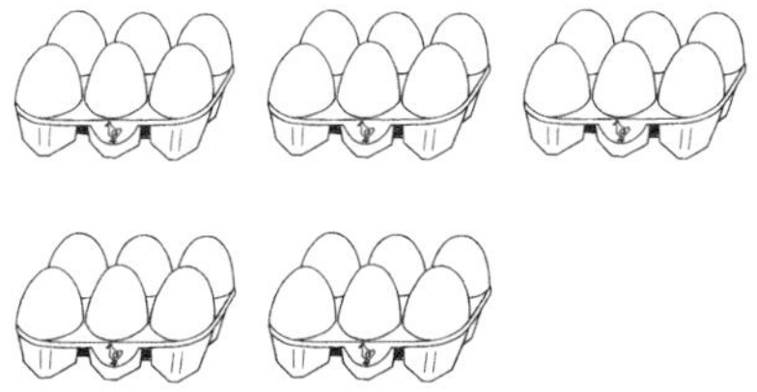

Richtungswechsel! Quadratzahl	**Richtungswechsel!** Quadratzahl	**Richtungswechsel!** Quadratzahl

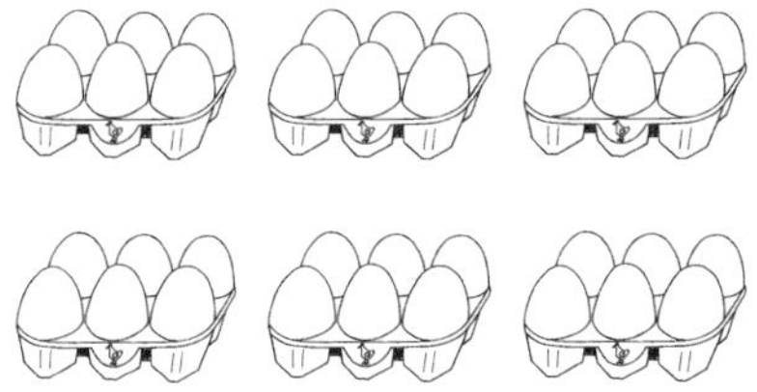

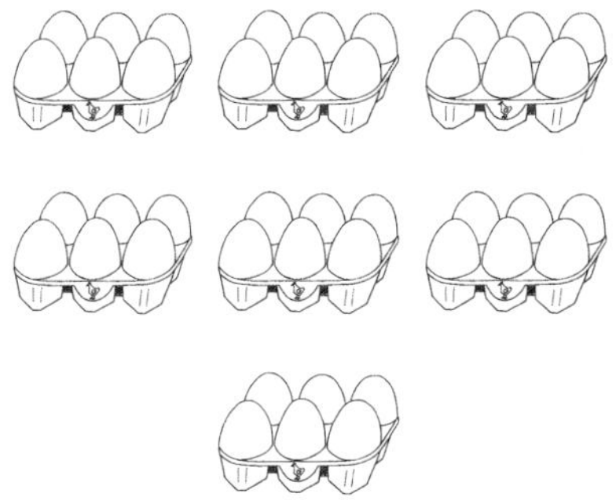

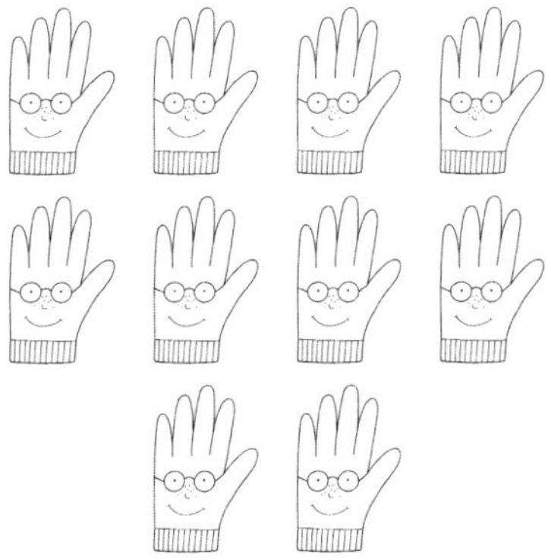

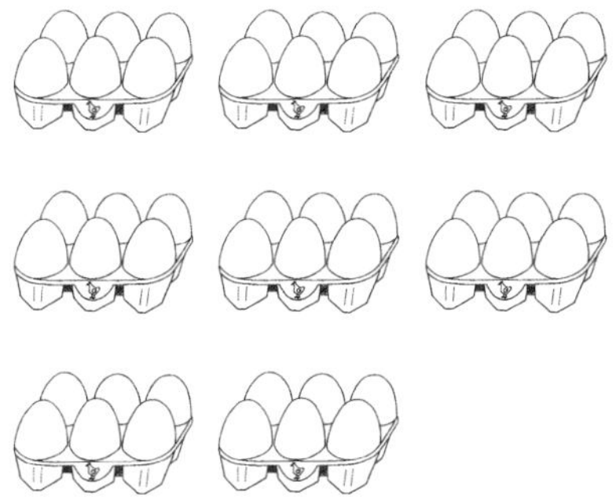

(Auf Karton kopieren)

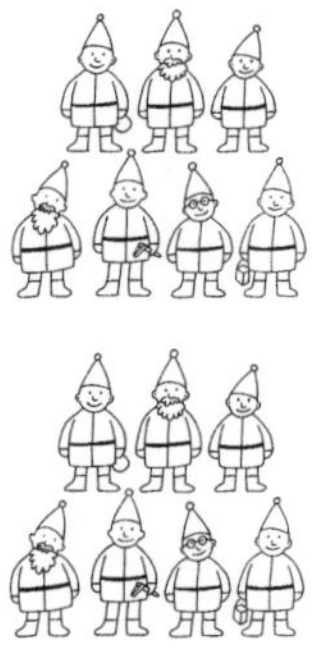

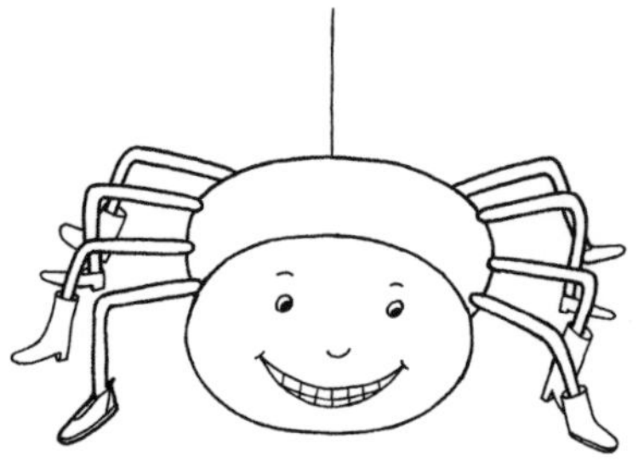

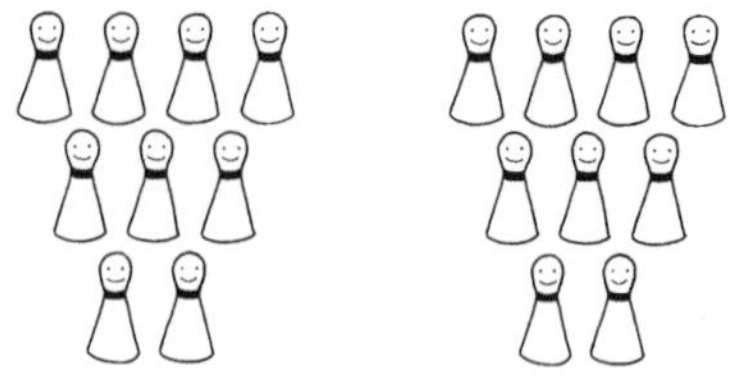

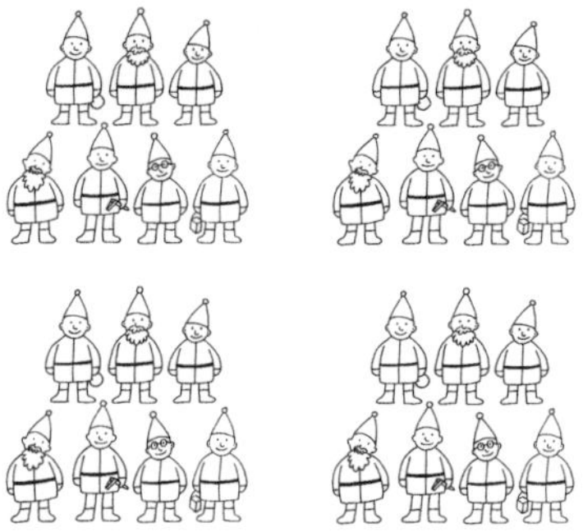

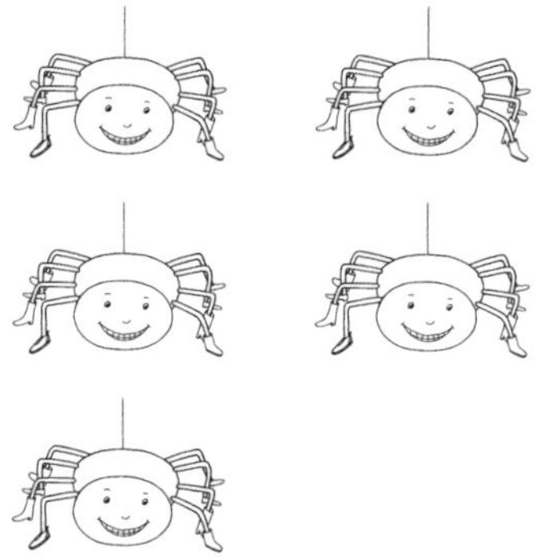

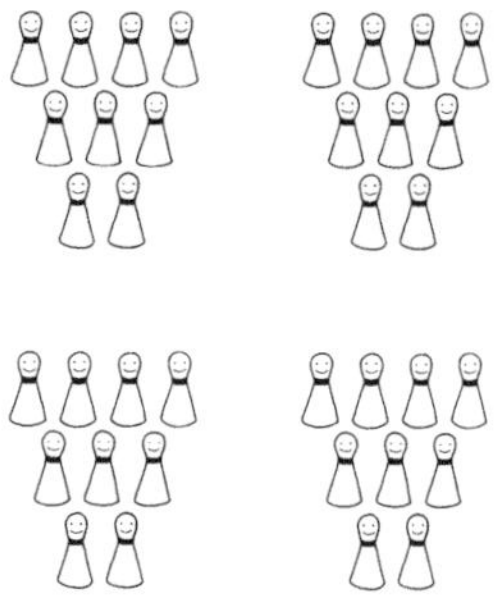

Einmal aussetzen!

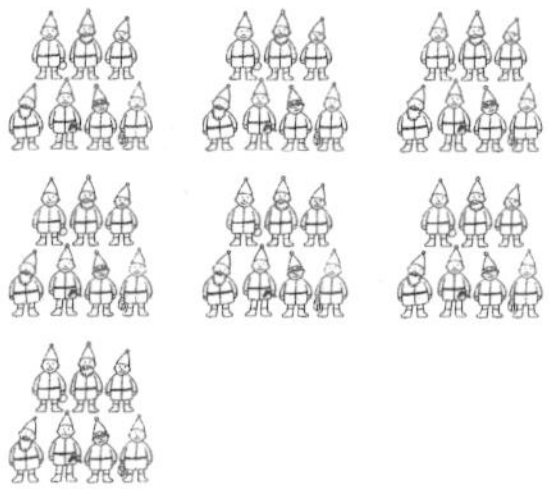

Quadratzahl

Zwei Karten ziehen!

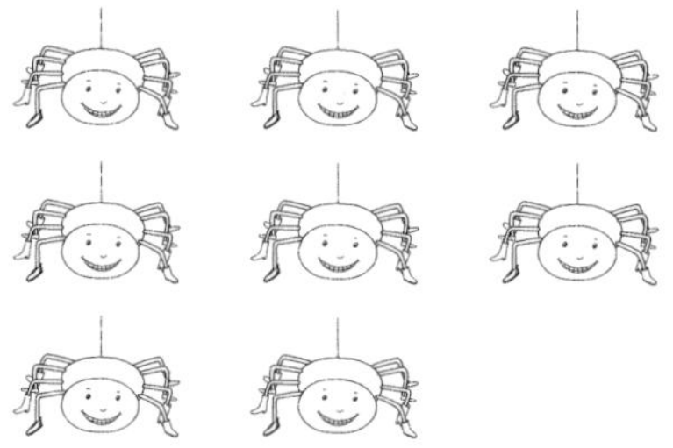

Quadratzahl

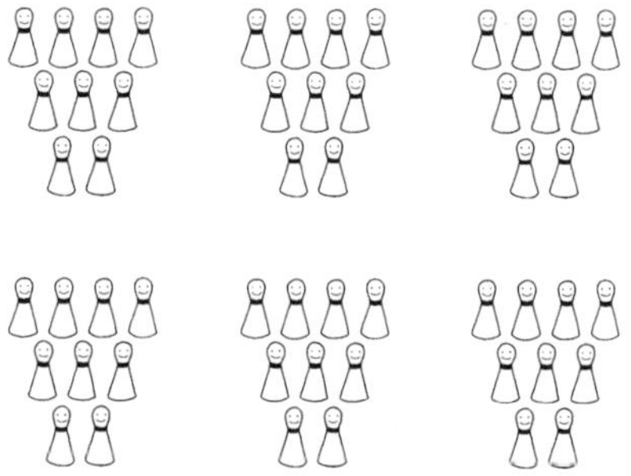

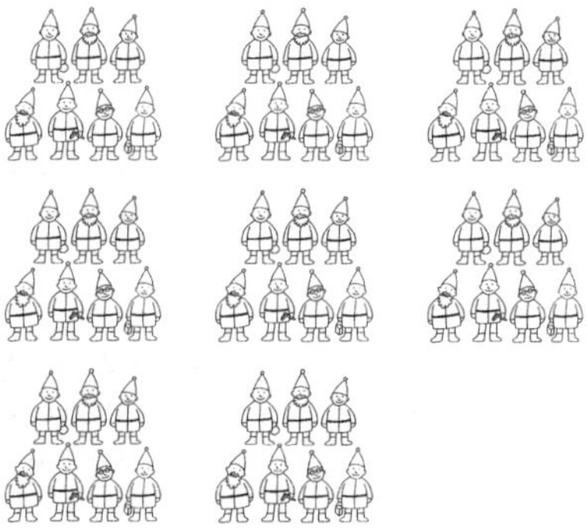

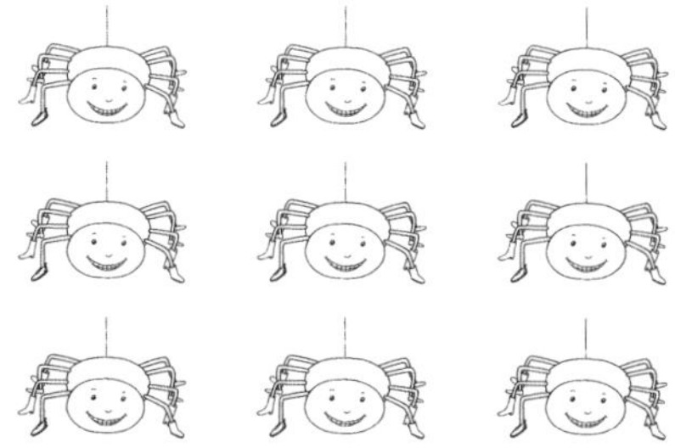

Zwei Karten ziehen!

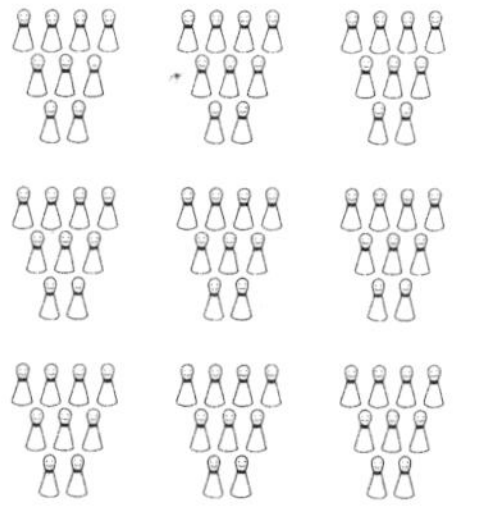

Quadratzahl

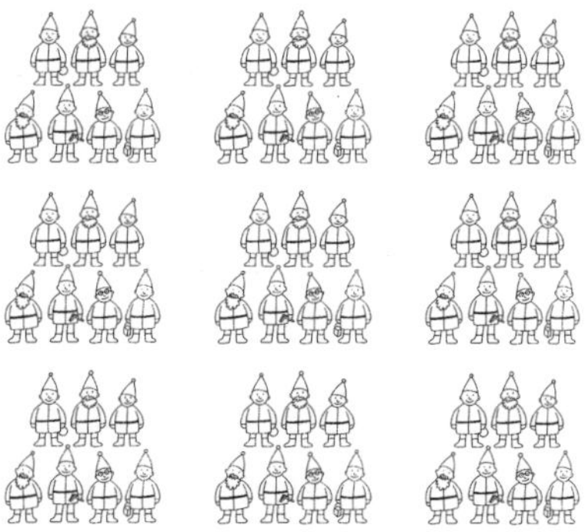

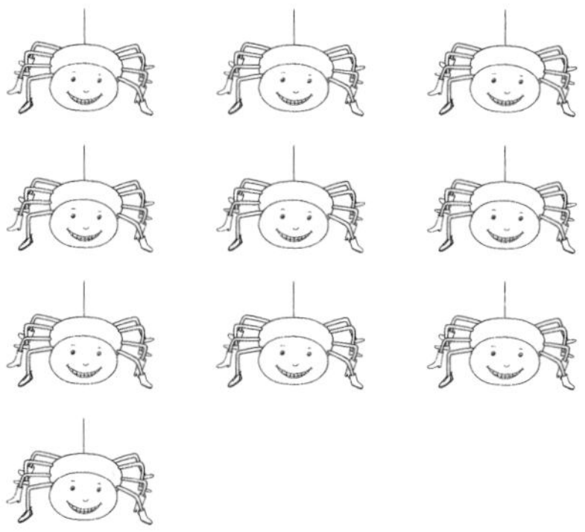

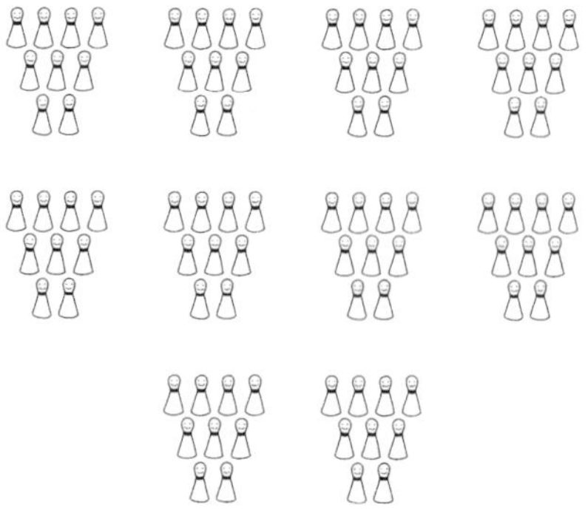

Das kleine Einmaleins-Duo und Einmaleins-Trio

Wählt:
leicht: ohne Ergebniszahl-Karten (Memo-Duo)
schwer: alle Karten (Memo-Trio)

Ergebniszahl-Karte	Malaufgaben-Karte	Punktefeld-Karte
6	**3 • 2** **2 • 3**	o o o o o o

Spielanleitung für 2 bis 6 Spieler

Mischt die gewählten Memo-Karten und verteilt sie verdeckt nebeneinander auf dem Tisch, z. B. in fünf Reihen. Der älteste Spieler beginnt und dreht zwei oder drei Karten um – je nach Spielvariante.
Bilden diese Karten ein zusammengehörendes Pärchen (z. B. 3 • 2 / 2 • 3 und 6er-Punktefeld) oder Trio (z. B. 2 • 4 / 4 • 2 und 8er-Punktefeld und Ergebniszahl 8), darf er sie vor sich ablegen und noch einmal zwei oder drei Memo-Karten umdrehen. Bilden die umgedrehten Karten kein Pärchen oder Trio, ist der linke Nachbar am Zug. Sobald alle Karten als Trio oder Pärchen vor den Spielern liegen, zählen die Spieler ihre Trios oder Pärchen. Gewonnen hat der oder haben die Spieler, die die meisten Trios oder Pärchen gesammelt haben.

Kürzere Spieldauer:
Sucht vor Spielbeginn alle zusammengehörenden Karten-Pärchen oder Karten-Trios und stapelt sie. Nehmt eine bestimmte Anzahl an Pärchen oder Trios aus dem Spiel und legt sie zur Seite.

Spielvariante nach Quartett-Regeln
Das Spiel ist auch nach den bekannten Quartett-Regeln spielbar – allerdings müssen nicht 4, sondern 3 zusammengehörende Karten (= Trio) gesammelt werden: Jeder Spieler versucht möglichst viele Trios zu sammeln, also drei zusammengehörige Karten. Wer am Ende die meisten Trios hat, hat das Spiel gewonnen. Die Karten werden gemischt und an die Mitspieler verteilt. Die Karten werden komplett verteilt, auch wenn dadurch einige Spieler eine Karte mehr bekommen als andere. Der Spieler, der links vom Kartengeber sitzt, beginnt und fragt einen Spieler seiner Wahl nach einer Karte, die ihm zur Bildung eines Trios fehlt, z. B. die Malaufgaben-Karte 3 • 2 / 2 • 3. Man darf nur nach einer Karte fragen, wenn man vom betreffenden Trio mindestens eine Karte in der Hand hält. Hat der gefragte Spieler die Karte auf der Hand, muss er sie dem fragenden Spieler geben und dieser darf weiterfragen, bis ein Spieler die gewünschte Karte nicht besitzt. Dieser ist nun an der Reihe mit Fragen.
Hat ein Spieler ein vollständiges Trio, legt er es offen vor sich auf dem Tisch ab. Wer keine Karten mehr auf der Hand hat, scheidet aus und wartet das Ende des Spiels ab.
Das Spiel endet, wenn die Karten aufgebraucht und alle Trios abgelegt sind. Es wird gezählt, wer die meisten Trios gesammelt und damit gewonnen hat.

Kürzere Spieldauer:
Sucht vor Spielbeginn alle zusammengehörenden Karten-Trios und stapelt sie. Nehmt eine bestimmte Anzahl an Trios aus dem Spiel und legt sie zur Seite.

(Auf Karton kopieren)

1	1 • 1	o
2	2 • 1 1 • 2	o o
3	3 • 1 1 • 3	o o o
4	2 • 2	o o o o
5	5 • 1 1 • 5	o o o o o

(Auf Karton kopieren)

6	3 • 2 2 • 3	ooo ooo
7	7 • 1 1 • 7	ooooooo
8	2 • 4 4 • 2	oooo oooo
9	3 • 3	ooo ooo ooo
10	2 • 5 5 • 2	ooooo ooooo

(Auf Karton kopieren)

12	2 • 6 6 • 2	oooooo oooooo
14	2 • 7 7 • 2	ooooooo ooooooo
15	3 • 5 5 • 3	ooooo ooooo ooooo
16	2 • 8 8 • 2	oooooooo oooooooo
18	2 • 9 9 • 2	ooooooooo ooooooooo

(Auf Karton kopieren)

20	4 • 5 5 • 4	ooooo ooooo ooooo ooooo
21	3 • 7 7 • 3	ooooooo ooooooo ooooooo
24	4 • 6 6 • 4	oooooo oooooo oooooo oooooo
25	5 • 5	ooooo ooooo ooooo ooooo ooooo
27	3 • 9 9 • 3	ooooooooo ooooooooo ooooooooo

(Auf Karton kopieren)

28	4 • 7 7 • 4	ooooooo ooooooo ooooooo ooooooo
30	5 • 6 6 • 5	oooooo oooooo oooooo oooooo oooooo
32	4 • 8 8 • 4	oooooooo oooooooo oooooooo oooooooo
35	5 • 7 7 • 5	ooooooo ooooooo ooooooo ooooooo ooooooo
36	4 • 9 9 • 4	ooooooooo ooooooooo ooooooooo ooooooooo

(Auf Karton kopieren)

40	4 • 10 10 • 4	oooooooooo oooooooooo oooooooooo oooooooooo
42	6 • 7 7 • 6	ooooooo ooooooo ooooooo ooooooo ooooooo ooooooo
48	6 • 8 8 • 6	oooooooo oooooooo oooooooo oooooooo oooooooo oooooooo
49	7 • 7	ooooooo ooooooo ooooooo ooooooo ooooooo ooooooo ooooooo
50	5 • 10 10 • 5	oooooooooo oooooooooo oooooooooo oooooooooo oooooooooo

(Auf Karton kopieren)

54	**6 • 9** **9 • 6**	6 × 9 o
56	**7 • 8** **8 • 7**	7 × 8 o
60	**6 • 10** **10 • 6**	6 × 10 o
63	**7 • 9** **9 • 7**	7 × 9 o
64	**8 • 8**	8 × 8 o

(Auf Karton kopieren)

70	**7 • 10** **10 • 7**	oooooooooo oooooooooo oooooooooo oooooooooo oooooooooo oooooooooo oooooooooo
72	**8 • 9** **9 • 8**	ooooooooo ooooooooo ooooooooo ooooooooo ooooooooo ooooooooo ooooooooo ooooooooo
80	**8 • 10** **10 • 8**	oooooooooo oooooooooo oooooooooo oooooooooo oooooooooo oooooooooo oooooooooo oooooooooo
81	**9 • 9**	ooooooooo ooooooooo ooooooooo ooooooooo ooooooooo ooooooooo ooooooooo ooooooooo ooooooooo
100	**10 • 10**	oooooooooo oooooooooo oooooooooo oooooooooo oooooooooo oooooooooo oooooooooo oooooooooo oooooooooo oooooooooo

Einmaleins-Quiz

Daumen drauf!

Für einen Spieler:
1. Schneide die Quizkarten aus und mische sie.
2. Halte sie als Stapel so fest, dass du mit deinem Daumen die Lösung unten auf der Karte zudeckst.
3. Ziehe die Quizkarte nach oben weg und vergleiche die Lösung mit deinem Ergebnis.
4. Richtig: Lege die Quizkarte zur Seite!
   Falsch: Stecke sie wieder hinter den Kartenstapel.

Für zwei Spieler:
1. Bei 2 Spielern stellst du dem Mitspieler die Malaufgaben.
2. Richtig: Der Mitspieler erhält die Karte!
   Falsch: Lege die Karte zur Seite!
3. Wenn alle Karten aufgebraucht sind, zählt der Mitspieler seine Karten.
4. Danach stellt der Mitspieler dir die Malaufgaben.
5. Wer hat am Ende mehr Karten gesammelt?

Einmaleins-Blitz

Für 3 bis 6 Spieler:
1. Schneide die Quizkarten aus und mische sie.
2. Ein Spieler ist Quizmeister und stellt die Malaufgaben.
3. Wer als Erster das richtige Ergebnis ruft, erhält die Karte.
4. Jeder darf nur ein Ergebnis pro Malaufgabe rufen.
5. Wer hat als Erster fünf Karten?
6. Wechselt den Quizmeister.

(Auf Karton kopieren)

Einmaleins-Quizkarten A

1 • 2 2	**2 • 2** 4	**3 • 2** 6	**4 • 2** 8	**5 • 2** 10
6 • 2 12	**7 • 2** 14	**8 • 2** 16	**9 • 2** 18	**10 • 2** 20
1 • 3 3	**2 • 3** 6	**3 • 3** 9	**4 • 3** 12	**5 • 3** 15
6 • 3 18	**7 • 3** 21	**8 • 3** 24	**9 • 3** 27	**10 • 3** 30
1 • 4 4	**2 • 4** 8	**3 • 4** 12	**4 • 4** 16	**5 • 4** 20
6 • 4 24	**7 • 4** 28	**8 • 4** 32	**9 • 4** 36	**10 • 4** 40

Einmaleins-Quizkarten B

(Auf Karton kopieren)

1 • 5 5	2 • 5 10	3 • 5 15	4 • 5 20	5 • 5 25
6 • 5 30	7 • 5 35	8 • 5 40	9 • 5 45	10 • 5 50
1 • 6 6	2 • 6 12	3 • 6 18	4 • 6 24	5 • 6 30
6 • 6 36	7 • 6 42	8 • 6 48	9 • 6 54	10 • 6 60
1 • 7 7	2 • 7 14	3 • 7 21	4 • 7 28	5 • 7 35
6 • 7 42	7 • 7 49	8 • 7 56	9 • 7 63	10 • 7 70

Einmaleins-Quizkarten C

(Auf Karton kopieren)

1 • 8 8	**2 • 8** 16	**3 • 8** 24	**4 • 8** 32	**5 • 8** 40
6 • 8 48	**7 • 8** 56	**8 • 8** 64	**9 • 8** 72	**10 • 8** 80
1 • 9 9	**2 • 9** 18	**3 • 9** 27	**4 • 9** 36	**5 • 9** 45
6 • 9 54	**7 • 9** 63	**8 • 9** 72	**9 • 9** 81	**10 • 9** 90
1 • 10 10	**2 • 10** 20	**3 • 10** 30	**4 • 10** 40	**5 • 10** 50
6 • 10 60	**7 • 10** 70	**8 • 10** 80	**9 • 10** 90	**10 • 10** 100

Einmaleins-Bingo

Im Klassenverband oder für 3–6 Spieler:

1. Der Lehrer oder ein Spieler ist Quizmeister.
2. Die restlichen Spieler erhalten je ein Bingo-Blatt.
3. Der Quizmeister nennt eine oder mehrere 1 • 1-Reihen.
4. Neun dieser 1 • 1-Reihe(n)-Zahlen trägt jeder Spieler in ein Bingofeld ein.
5. Nun stellt der Quizmaster insgesamt zehn 1 • 1-Aufgaben, deren Ergebnisse zu den zuvor ausgewählten 1 • 1-Reihen gehören.
6. Hat ein Spieler eine Ergebniszahl in seinem Bingo-Feld, kreuzt er diese Zahl durch.
7. Hat ein Spieler drei Zahlen senkrecht, waagerecht oder diagonal durchgestrichen, ruft er „Bingo!".

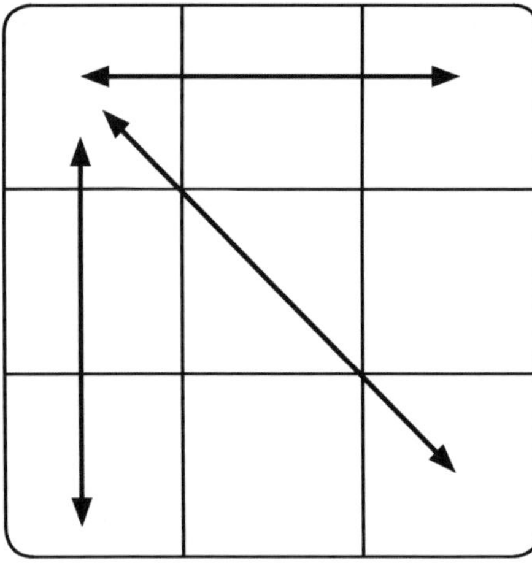

8. Welcher Spieler hat nach den zehn genannten Malaufgaben die meisten Bingos?
9. Zur späteren Kontrolle schreibt der Quizmeister die 1 • 1-Aufgaben mit Ergebnis an die Tafel oder auf ein Blatt Papier.
10. Wechselt den Quizmeister für eine neue Bingo-Runde.

Bernd Wehren: Der Einmaleins-Führerschein · Kleines Einmaleins · Best.-Nr. 097

Bingo-Blatt

1er-Reihe:	1	2	3	4	5	6	7	8	9	10
2er-Reihe:	2	4	6	8	10	12	14	16	18	20
3er-Reihe:	3	6	9	12	15	18	21	24	27	30
4er-Reihe:	4	8	12	16	20	24	28	32	36	40
5er-Reihe:	5	10	15	20	25	30	35	40	45	50
6er-Reihe:	6	12	18	24	30	36	42	48	54	60
7er-Reihe:	7	14	21	28	35	42	49	56	63	70
8er-Reihe:	8	16	24	32	40	48	56	64	72	80
9er-Reihe:	9	18	27	36	45	54	63	72	81	90
10er-Reihe:	10	20	30	40	50	60	70	80	90	100

(Kopieren Sie diese Seite auf DIN A3, malen Sie Start- und Zielfelder farbig an und laminieren Sie das Spielfeld.)

Einmaleins-ärger-dich-nicht (1 • 2- bis 1 • 5-Reihen)

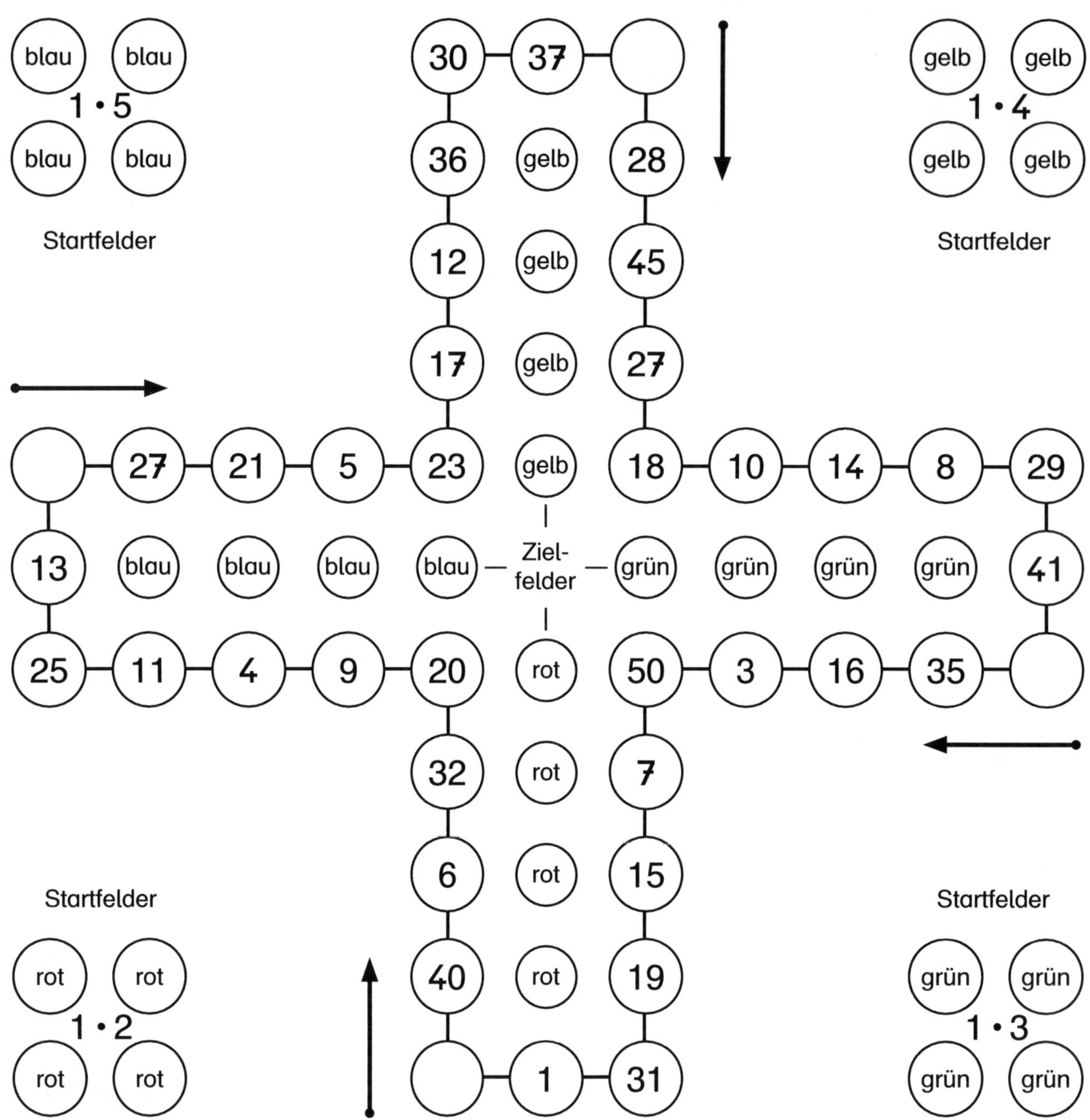

Spielregeln

1. Jeder Spieler sucht sich eine Farbe mit der dazugehörigen Einmaleins-Reihe (z. B. Rot für 1 • 2) aus und belegt die vier Startfelder mit Spielfiguren in der entsprechenden Farbe.
2. Ihr seid reihum mit Würfeln dran. Der jüngste Spieler fängt an.
3. Mit einer 6 kommt man mit einer Spielfigur aus dem Startfeld und setzt sie in den ersten Kreis ohne Zahl (neben den Pfeil). Jeder Spieler hat drei Versuche, um eine 6 zu würfeln.
4. Wenn ihr beim Würfeln auf eine Zahl aus eurer Einmaleins-Reihe kommt, dürft ihr noch einmal würfeln und setzen. Ansonsten darf der nächste Spieler würfeln.
5. Kommt ihr auf ein besetztes Feld, dürft ihr die Spielfigur rauswerfen. Die rausgeworfene Spielfigur muss wieder zurück in ihr Startfeld.
6. Sieger ist, wer seine vier Spielfiguren als Erster auf die Zielfelder gestellt hat.

Kürzere Spieldauer:
Jeder Spieler hat nur drei oder nur zwei Spielfiguren.

Bernd Wehren: Der Einmaleins-Führerschein · Kleines Einmaleins · Best.-Nr. 097

(Kopieren Sie diese Seite auf DIN A3, malen Sie Start- und Zielfelder farbig an und laminieren Sie das Spielfeld.)

Einmaleins-ärger-dich-nicht (1 • 6- bis 1 • 9-Reihen)

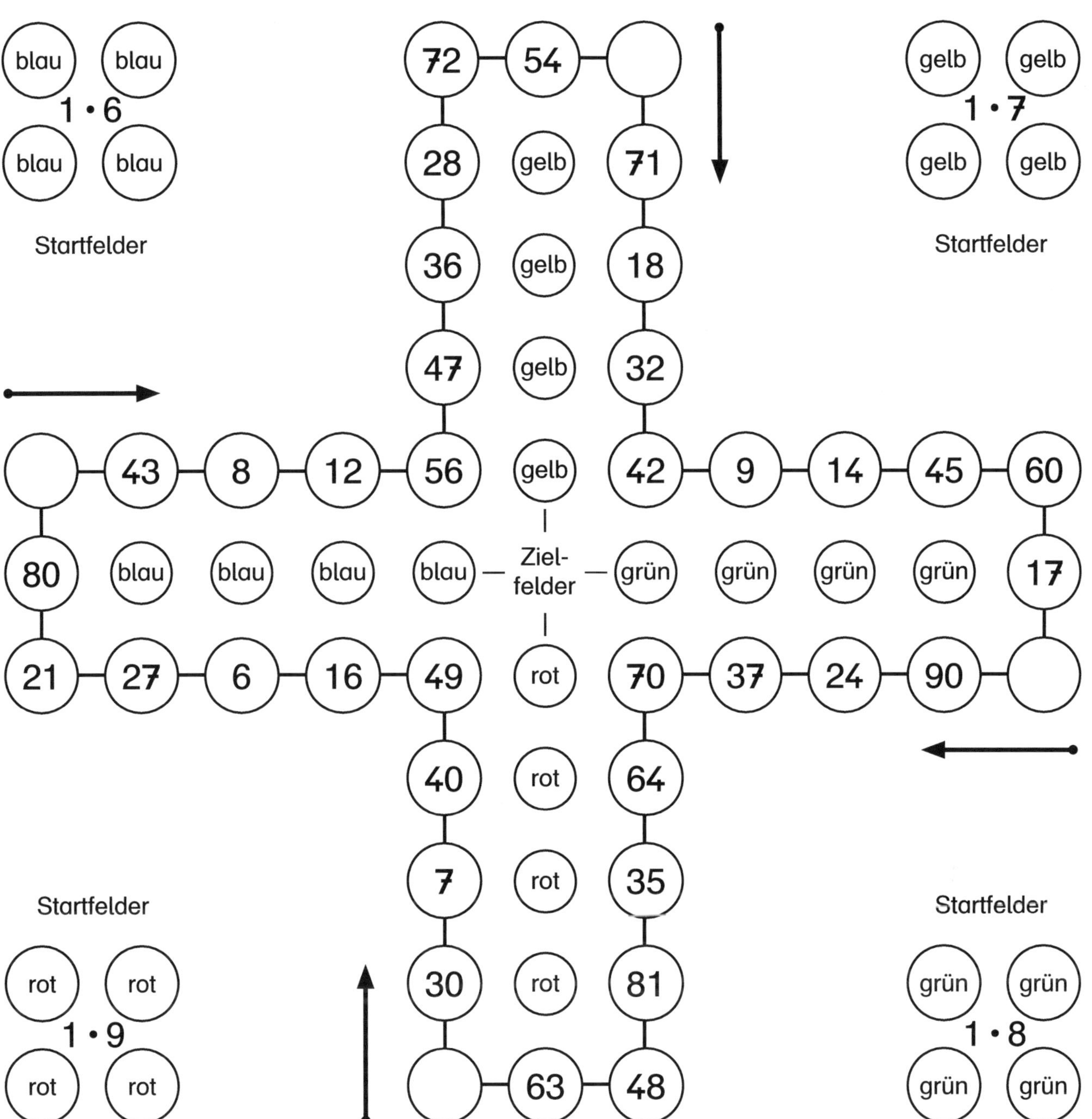

Spielregeln

1. Jeder Spieler sucht sich eine Farbe mit der dazugehörigen Einmaleins-Reihe (z. B. Blau für 1 • 6) aus und belegt die vier Startfelder mit Spielfiguren in der entsprechenden Farbe.
2. Ihr seid reihum mit Würfeln dran. Der jüngste Spieler fängt an.
3. Mit einer 6 kommt man mit einer Spielfigur aus dem Startfeld und setzt sie in den ersten Kreis ohne Zahl (neben den Pfeil). Jeder Spieler hat drei Versuche, um eine 6 zu würfeln.
4. Wenn ihr beim Würfeln auf eine Zahl aus eurer Einmaleins-Reihe kommt, dürft ihr noch einmal würfeln und setzen. Ansonsten darf der nächste Spieler würfeln.
5. Kommt ihr auf ein besetztes Feld, dürft ihr die Spielfigur rauswerfen. Die rausgeworfene Spielfigur muss wieder zurück in ihr Startfeld.
6. Sieger ist, wer seine vier Spielfiguren als Erster auf die Zielfelder gestellt hat.

Kürzere Spieldauer:
Jeder Spieler hat nur drei oder nur zwei Spielfiguren.

Name: ______________________ Datum: ____________

Generalprobe: Das kleine Einmaleins

1. Schreibe die Plusaufgabe, die Malaufgabe und das Ergebnis neben die Bilder:

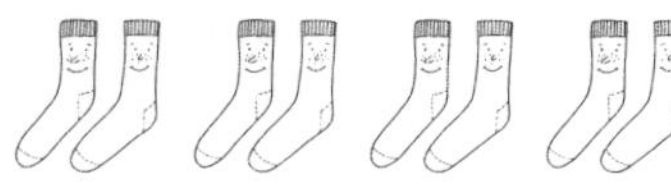 ______________________

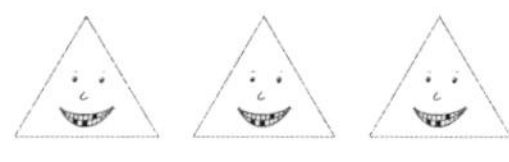 ______________________

 ______________________

 ______________________

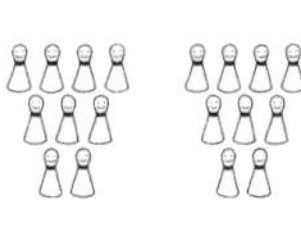 ______________________

2. Schreibe diese Einmaleins-Reihen weiter auf:

1er-Reihe: 1, 2, ______________________

2er-Reihe: 2, 4, ______________________

4er-Reihe: 4, 8, ______________________

5er-Reihe: 5, 10, ______________________

10er-Reihe: 10, 20, ______________________

3. Rechne diese Einmaleins-Aufgaben:

2 · 4 = ___	5 · 10 = ___	2 · 5 = ___	4 · 10 = ___	5 · 4 = ___	0 · 5 = ___
4 · 4 = ___	10 · 10 = ___	5 · 5 = ___	2 · 2 = ___	8 · 4 = ___	1 · 2 = ___
6 · 2 = ___	7 · 4 = ___	8 · 5 = ___	9 · 2 = ___	3 · 4 = ___	7 · 5 = ___

Tipps: ______________________

____

____

Bernd Wehren: Der Einmaleins-Führerschein · Kleines Einmaleins · Best.-Nr. 097

Name: ______________________ Datum: ____________

Prüfung: Das kleine Einmaleins

1. Schreibe die Plusaufgabe, die Malaufgabe und das Ergebnis neben die Bilder:

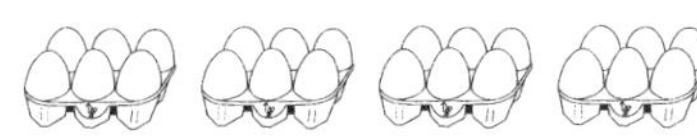 ______________________

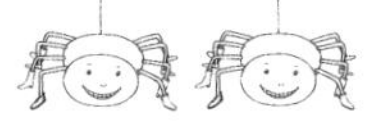 ______________________

 ______________________

 ______________________

 ______________________

2. Schreibe diese Einmaleins-Reihen weiter auf:

3er-Reihe: 3, 6, ______________________

6er-Reihe: 6, 12, ______________________

7er-Reihe: 7, 14, ______________________

8er-Reihe: 8, 16, ______________________

9er-Reihe: 9, 18, ______________________

3. Rechne diese Einmaleins-Aufgaben:

3 • 7 = ____ 8 • 9 = ____ 7 • 8 = ____ 9 • 7 = ____ 3 • 3 = ____ 5 • 8 = ____

6 • 6 = ____ 7 • 7 = ____ 8 • 8 = ____ 9 • 9 = ____ 10 • 10 = ____ 3 • 6 = ____

4 • 6 = ____ 3 • 8 = ____ 2 • 9 = ____ 8 • 4 = ____ 5 • 7 = ____ 9 • 5 = ____

Du hast ... O gut bestanden. O bestanden. O noch nicht bestanden.

____

Datum, Unterschrift

Urkunde

für

____

•	1	2	3	4	5	6	7	8	9	10
1	1	2	3	4	5	6	7	8	9	10
2	2	4	6	8	10	12	14	16	18	20
3	3	6	9	12	15	18	21	24	27	30
4	4	8	12	16	20	24	28	32	36	40
5	5	10	15	20	25	30	35	40	45	50
6	6	12	18	24	30	36	42	48	54	60
7	7	14	21	28	35	42	49	56	63	70
8	8	16	24	32	40	48	56	64	72	80
9	9	18	27	36	45	54	63	72	81	90
10	10	20	30	40	50	60	70	80	90	100

Du kannst alle kleinen Einmaleins-Reihen
auswendig aufsagen
und alle kleinen Einmaleins-Aufgaben rechnen.
Toll! Weiter so!

____

(Datum, Unterschrift)

Bernd Wehren: Der Einmaleins-Führerschein · Kleines Einmaleins · Best.-Nr. 097

Ihr Pädagogik-Partner!

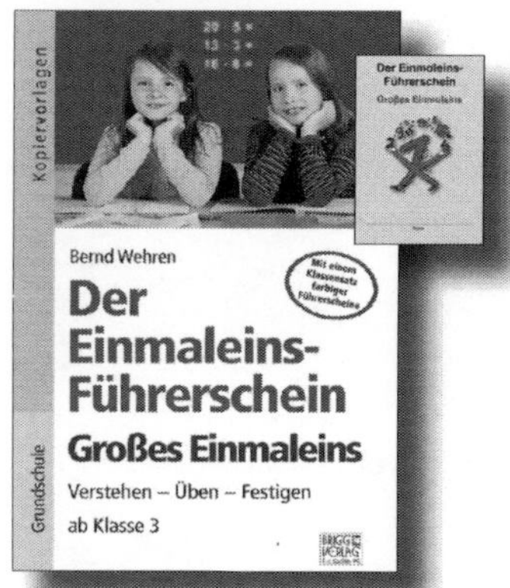

Bernd Wehren

Der Einmaleins-Führerschein – Großes Einmaleins

Verstehen – Üben – Festigen

ab Klasse 3

Buch mit 32 Führerscheinen

96 S., DIN A4,
Kopiervorlagen mit Lösungen
Best.-Nr. 156

Klassensatz farbiger Führerscheine

8 Bögen mit je 4 Führerscheinen
Best.-Nr. 170

Das Einmaleins gehört zu den wichtigsten Lerninhalten des Mathematikunterrichts. Mithilfe der Kopiervorlagen lernen die Kinder **Schritt für Schritt** das kleine Einmaleins: von der konkreten Bildebene über die ikonische Darstellung in Punkten zur symbolischen Ebene.

Bernd Wehren

Der Zeichengeräte-Führerschein

Übungsmaterial zu Lineal, Geodreieck und Zirkel

3./4. Klasse

72 S., DIN A4,
Kopiervorlagen mit Lösungen,
32 Zeichengeräte-Führerscheine
Best.-Nr. 098

Klassensatz farbiger Zeichengeräte-Führerscheine

8 Bögen mit je 4 Führerscheinen
Best.-Nr. 113

Die **spielerischen Zeichenübungen** und **konkreten Aufgaben** des Bandes zum Umgang mit Lineal, Zirkel und Geodreieck lassen Ihre Schüler/-innen immer sicherer in der Handhabung mit den Zeichengeräten werden.

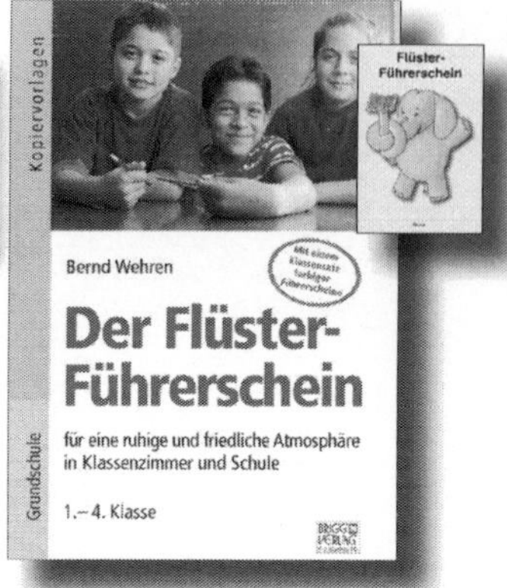

Bernd Wehren

Der Flüster-Führerschein

für eine ruhige und friedliche Atmosphäre in Klassenzimmer und Schule

64 S., DIN A4,
Kopiervorlagen,
32 Flüster-Führerscheine
Best.-Nr. 096

Klassensatz farbiger Flüster-Führerscheine

8 Bögen mit je 4 Führerscheinen
Best.-Nr. 102

Diese **differenzierten Arbeitsblätter** unterstützen Ihre Schüler, leise und friedlich miteinander zu reden, zu spielen und zu arbeiten. Der Flüster-Führerschein motiviert sie, ihr Verhalten über einen längeren Zeitraum zu beobachten, zu reflektieren und testen zu lassen.

Bernd Wehren

Der Farbkasten-Führerschein

Für den richtigen Umgang mit dem Farbkasten und das Erlernen erster Maltechniken

1./2. Klasse

80 S., DIN A4,
Kopiervorlagen mit Lösungen,
32 Farbkasten-Führerscheine
Best.-Nr. 100

Klassensatz farbiger Farbkasten-Führerscheine

8 Bögen mit je 4 Führerscheinen
Best.-Nr. 114

Mit diesen **wunderschön gestalteten Kopiervorlagen** lernen Ihre Schüler den Farbkasten mit allen Grund- und Mischfarben richtig kennen. Sie üben den Umgang mit Wasserbecher und Pinsel und eignen sich erste **Maltechniken** an.

Bestellcoupon

Ja, bitte senden Sie mir / uns mit Rechnung

_____Expl. Best.-Nr. ____________________

_____Expl. Best.-Nr. ____________________

_____Expl. Best.-Nr. ____________________

Meine Anschrift lautet:

Name / Vorname

Straße

PLZ / Ort

E-Mail

Datum/Unterschrift Telefon (für Rückfragen)

Bitte kopieren und einsenden/faxen an:

Brigg Verlag
Franz-Josef Büchler KG
Beilingerstr. 21
86316 Friedberg

Bequem bestellen per Telefon / Fax:
Tel.: 0 89 / 61 38 71 27
Fax: 0 89 / 61 38 71 20
Online: www.brigg-verlag.de

Du kannst alle
kleinen 1 • 1-Reihen
<u>und</u> alle
kleinen 1 • 1-Aufgaben
auswendig aufsagen
<u>und</u> hast auch die
kleine 1 • 1-Prüfung
bestanden.

Datum und Unterschrift

Der Einmaleins-Führerschein

Kleines Einmaleins

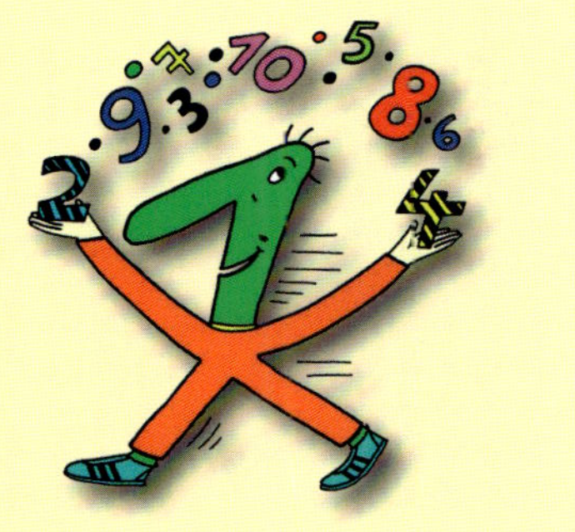

Name

1 2 3 4 5 6 7 8 9 10	1 · 1
2 4 6 8 10 12 14 16 18 20	1 · 2
3 6 9 12 15 18 21 24 27 30	1 · 3
4 8 12 16 20 24 28 32 36 40	1 · 4
5 10 15 20 25 30 35 40 45 50	1 · 5

Sage eine kleine 1 • 1-Reihe auswendig auf. Danach stellt dir dein Lehrer entsprechende 1 • 1-Aufgaben. Hast du <u>beides</u> fehlerfrei geschafft, malt dein Lehrer einen lachenden Mund in eines der drei Gesichter und setzt sein Namenskürzel darunter. Wiederhole es ein 2. und 3. Mal in den nächsten Wochen.

6 12 18 24 30 36 42 48 54 60	1 · 6
7 14 21 28 35 42 49 56 63 70	1 · 7
8 16 24 32 40 48 56 64 72 80	1 · 8
9 18 27 36 45 54 63 72 81 90	1 · 9
10 20 30 40 50 60 70 80 90 100	1 · 10

Du hast auch die
kleine 1 • 1-Prüfung bestanden:

Datum und Unterschrift

Du kannst alle
kleinen 1 • 1-Reihen
<u>und</u> alle
kleinen 1 • 1-Aufgaben
auswendig aufsagen
<u>und</u> hast auch die
kleine 1 • 1-Prüfung
bestanden.

Datum und Unterschrift

Der Einmaleins-Führerschein

Kleines Einmaleins

Name

1 2 3 4 5 6 7 8 9 10	1 · 1
2 4 6 8 10 12 14 16 18 20	1 · 2
3 6 9 12 15 18 21 24 27 30	1 · 3
4 8 12 16 20 24 28 32 36 40	1 · 4
5 10 15 20 25 30 35 40 45 50	1 · 5

Sage eine kleine 1 • 1-Reihe auswendig auf. Danach stellt dir dein Lehrer entsprechende 1 • 1-Aufgaben. Hast du <u>beides</u> fehlerfrei geschafft, malt dein Lehrer einen lachenden Mund in eines der drei Gesichter und setzt sein Namenskürzel darunter. Wiederhole es ein 2. und 3. Mal in den nächsten Wochen.

© Brigg Verlag KG, Friedberg · Best.Nr. 097 (Buch), 103 (Führerscheine)

6 12 18 24 30 36 42 48 54 60	1 · 6
7 14 21 28 35 42 49 56 63 70	1 · 7
8 16 24 32 40 48 56 64 72 80	1 · 8
9 18 27 36 45 54 63 72 81 90	1 · 9
10 20 30 40 50 60 70 80 90 100	1 · 10

Du hast auch die
kleine 1 • 1-Prüfung bestanden:

Datum und Unterschrift

Du kannst alle
kleinen 1 · 1-Reihen
<u>und</u> alle
kleinen 1 · 1-Aufgaben
auswendig aufsagen
<u>und</u> hast auch die
kleine 1 · 1-Prüfung
bestanden.

Datum und Unterschrift

Der Einmaleins-Führerschein

Kleines Einmaleins

Name

1 2 3 4 5 6 7 8 9 10	1 · 1
2 4 6 8 10 12 14 16 18 20	1 · 2
3 6 9 12 15 18 21 24 27 30	1 · 3
4 8 12 16 20 24 28 32 36 40	1 · 4
5 10 15 20 25 30 35 40 45 50	1 · 5

Sage eine kleine 1 · 1-Reihe auswendig auf. Danach stellt dir dein Lehrer entsprechende 1 · 1-Aufgaben. Hast du <u>beides</u> fehlerfrei geschafft, malt dein Lehrer einen lachenden Mund in eines der drei Gesichter und setzt sein Namenskürzel darunter. Wiederhole es ein 2. und 3. Mal in den nächsten Wochen.

6 12 18 24 30 36 42 48 54 60	1 · 6
7 14 21 28 35 42 49 56 63 70	1 · 7
8 16 24 32 40 48 56 64 72 80	1 · 8
9 18 27 36 45 54 63 72 81 90	1 · 9
10 20 30 40 50 60 70 80 90 100	1 · 10

Du hast auch die
kleine 1 · 1-Prüfung bestanden:

Datum und Unterschrift

Du kannst alle
kleinen 1 · 1-Reihen
<u>und</u> alle
kleinen 1 · 1-Aufgaben
auswendig aufsagen
<u>und</u> hast auch die
kleine 1 · 1-Prüfung
bestanden.

Datum und Unterschrift

Der Einmaleins-Führerschein

Kleines Einmaleins

Name

1 2 3 4 5 6 7 8 9 10	1 · 1
2 4 6 8 10 12 14 16 18 20	1 · 2
3 6 9 12 15 18 21 24 27 30	1 · 3
4 8 12 16 20 24 28 32 36 40	1 · 4
5 10 15 20 25 30 35 40 45 50	1 · 5

Sage eine kleine 1 · 1-Reihe auswendig auf. Danach stellt dir dein Lehrer entsprechende 1 · 1-Aufgaben. Hast du <u>beides</u> fehlerfrei geschafft, malt dein Lehrer einen lachenden Mund in eines der drei Gesichter und setzt sein Namenskürzel darunter. Wiederhole es ein 2. und 3. Mal in den nächsten Wochen.

© Brigg Verlag KG, Friedberg · Best.Nr. 097 (Buch), 103 (Führerscheine)

6 12 18 24 30 36 42 48 54 60	1 · 6
7 14 21 28 35 42 49 56 63 70	1 · 7
8 16 24 32 40 48 56 64 72 80	1 · 8
9 18 27 36 45 54 63 72 81 90	1 · 9
10 20 30 40 50 60 70 80 90 100	1 · 10

Du hast auch die
kleine 1 · 1-Prüfung bestanden:

Datum und Unterschrift

Du kannst alle
kleinen 1 • 1-Reihen
<u>und</u> alle
kleinen 1 • 1-Aufgaben
auswendig aufsagen
<u>und</u> hast auch die
kleine 1 • 1-Prüfung
bestanden.

____
Datum und Unterschrift

Der Einmaleins-Führerschein

Kleines Einmaleins

____
Name

1 2 3 4 5 6 7 8 9 10	1 • 1 ◯ ◯ ◯
2 4 6 8 10 12 14 16 18 20	1 • 2 ◯ ◯ ◯
3 6 9 12 15 18 21 24 27 30	1 • 3 ◯ ◯ ◯
4 8 12 16 20 24 28 32 36 40	1 • 4 ◯ ◯ ◯
5 10 15 20 25 30 35 40 45 50	1 • 5 ◯ ◯ ◯

Sage eine kleine 1 • 1-Reihe auswendig auf. Danach stellt dir dein Lehrer entsprechende 1 • 1-Aufgaben. Hast du <u>beides</u> fehlerfrei geschafft, malt dein Lehrer einen lachenden Mund in eines der drei Gesichter und setzt sein Namenskürzel darunter. Wiederhole es ein 2. und 3. Mal in den nächsten Wochen.

6 12 18 24 30 36 42 48 54 60	1 • 6 ◯ ◯ ◯
7 14 21 28 35 42 49 56 63 70	1 • 7 ◯ ◯ ◯
8 16 24 32 40 48 56 64 72 80	1 • 8 ◯ ◯ ◯
9 18 27 36 45 54 63 72 81 90	1 • 9 ◯ ◯ ◯
10 20 30 40 50 60 70 80 90 100	1 • 10 ◯ ◯ ◯

Du hast auch die
kleine 1 • 1-Prüfung bestanden:

____
Datum und Unterschrift

Du kannst alle
kleinen 1 • 1-Reihen
<u>und</u> alle
kleinen 1 • 1-Aufgaben
auswendig aufsagen
<u>und</u> hast auch die
kleine 1 • 1-Prüfung
bestanden.

____
Datum und Unterschrift

Der Einmaleins-Führerschein

Kleines Einmaleins

____
Name

1 2 3 4 5 6 7 8 9 10	1 • 1 ◯ ◯ ◯
2 4 6 8 10 12 14 16 18 20	1 • 2 ◯ ◯ ◯
3 6 9 12 15 18 21 24 27 30	1 • 3 ◯ ◯ ◯
4 8 12 16 20 24 28 32 36 40	1 • 4 ◯ ◯ ◯
5 10 15 20 25 30 35 40 45 50	1 • 5 ◯ ◯ ◯

Sage eine kleine 1 • 1-Reihe auswendig auf. Danach stellt dir dein Lehrer entsprechende 1 • 1-Aufgaben. Hast du <u>beides</u> fehlerfrei geschafft, malt dein Lehrer einen lachenden Mund in eines der drei Gesichter und setzt sein Namenskürzel darunter. Wiederhole es ein 2. und 3. Mal in den nächsten Wochen.

© Brigg Verlag KG, Friedberg · Best.Nr. 097 (Buch), 103 (Führerscheine)

6 12 18 24 30 36 42 48 54 60	1 • 6 ◯ ◯ ◯
7 14 21 28 35 42 49 56 63 70	1 • 7 ◯ ◯ ◯
8 16 24 32 40 48 56 64 72 80	1 • 8 ◯ ◯ ◯
9 18 27 36 45 54 63 72 81 90	1 • 9 ◯ ◯ ◯
10 20 30 40 50 60 70 80 90 100	1 • 10 ◯ ◯ ◯

Du hast auch die
kleine 1 • 1-Prüfung bestanden:

____
Datum und Unterschrift

Du kannst alle
kleinen 1 • 1-Reihen
<u>und</u> alle
kleinen 1 • 1-Aufgaben
auswendig aufsagen
<u>und</u> hast auch die
kleine 1 • 1-Prüfung
bestanden.

Datum und Unterschrift

Der Einmaleins-Führerschein

Kleines Einmaleins

Name

1 2 3 4 5 6 7 8 9 10	1 • 1
2 4 6 8 10 12 14 16 18 20	1 • 2
3 6 9 12 15 18 21 24 27 30	1 • 3
4 8 12 16 20 24 28 32 36 40	1 • 4
5 10 15 20 25 30 35 40 45 50	1 • 5

Sage eine kleine 1 • 1-Reihe auswendig auf. Danach stellt dir dein Lehrer entsprechende 1 • 1-Aufgaben. Hast du <u>beides</u> fehlerfrei geschafft, malt dein Lehrer einen lachenden Mund in eines der drei Gesichter und setzt sein Namenskürzel darunter. Wiederhole es ein 2. und 3. Mal in den nächsten Wochen.

6 12 18 24 30 36 42 48 54 60	1 • 6
7 14 21 28 35 42 49 56 63 70	1 • 7
8 16 24 32 40 48 56 64 72 80	1 • 8
9 18 27 36 45 54 63 72 81 90	1 • 9
10 20 30 40 50 60 70 80 90 100	1 • 10

Du hast auch die
kleine 1 • 1-Prüfung bestanden:

Datum und Unterschrift

Du kannst alle
kleinen 1 • 1-Reihen
<u>und</u> alle
kleinen 1 • 1-Aufgaben
auswendig aufsagen
<u>und</u> hast auch die
kleine 1 • 1-Prüfung
bestanden.

Datum und Unterschrift

Der Einmaleins-Führerschein

Kleines Einmaleins

Name

1 2 3 4 5 6 7 8 9 10	1 • 1
2 4 6 8 10 12 14 16 18 20	1 • 2
3 6 9 12 15 18 21 24 27 30	1 • 3
4 8 12 16 20 24 28 32 36 40	1 • 4
5 10 15 20 25 30 35 40 45 50	1 • 5

Sage eine kleine 1 • 1-Reihe auswendig auf. Danach stellt dir dein Lehrer entsprechende 1 • 1-Aufgaben. Hast du <u>beides</u> fehlerfrei geschafft, malt dein Lehrer einen lachenden Mund in eines der drei Gesichter und setzt sein Namenskürzel darunter. Wiederhole es ein 2. und 3. Mal in den nächsten Wochen.

6 12 18 24 30 36 42 48 54 60	1 • 6
7 14 21 28 35 42 49 56 63 70	1 • 7
8 16 24 32 40 48 56 64 72 80	1 • 8
9 18 27 36 45 54 63 72 81 90	1 • 9
10 20 30 40 50 60 70 80 90 100	1 • 10

Du hast auch die
kleine 1 • 1-Prüfung bestanden:

Datum und Unterschrift

Du kannst alle
kleinen 1 • 1-Reihen
und alle
kleinen 1 • 1-Aufgaben
auswendig aufsagen
und hast auch die
kleine 1 • 1-Prüfung
bestanden.

____
Datum und Unterschrift

Der Einmaleins-Führerschein

Kleines Einmaleins

____
Name

1 2 3 4 5 6 7 8 9 10	1 • 1 ☺ ☺ ☺
2 4 6 8 10 12 14 16 18 20	1 • 2 ☺ ☺ ☺
3 6 9 12 15 18 21 24 27 30	1 • 3 ☺ ☺ ☺
4 8 12 16 20 24 28 32 36 40	1 • 4 ☺ ☺ ☺
5 10 15 20 25 30 35 40 45 50	1 • 5 ☺ ☺ ☺

Sage eine kleine 1 • 1-Reihe auswendig auf. Danach stellt dir dein Lehrer entsprechende 1 • 1-Aufgaben. Hast du beides fehlerfrei geschafft, malt dein Lehrer einen lachenden Mund in eines der drei Gesichter und setzt sein Namenskürzel darunter. Wiederhole es ein 2. und 3. Mal in den nächsten Wochen.

6 12 18 24 30 36 42 48 54 60	1 • 6 ☺ ☺ ☺
7 14 21 28 35 42 49 56 63 70	1 • 7 ☺ ☺ ☺
8 16 24 32 40 48 56 64 72 80	1 • 8 ☺ ☺ ☺
9 18 27 36 45 54 63 72 81 90	1 • 9 ☺ ☺ ☺
10 20 30 40 50 60 70 80 90 100	1 • 10 ☺ ☺ ☺

Du hast auch die
kleine 1 • 1-Prüfung bestanden:

____
Datum und Unterschrift

Du kannst alle
kleinen 1 • 1-Reihen
und alle
kleinen 1 • 1-Aufgaben
auswendig aufsagen
und hast auch die
kleine 1 • 1-Prüfung
bestanden.

____
Datum und Unterschrift

Der Einmaleins-Führerschein

Kleines Einmaleins

____
Name

1 2 3 4 5 6 7 8 9 10	1 • 1 ☺ ☺ ☺
2 4 6 8 10 12 14 16 18 20	1 • 2 ☺ ☺ ☺
3 6 9 12 15 18 21 24 27 30	1 • 3 ☺ ☺ ☺
4 8 12 16 20 24 28 32 36 40	1 • 4 ☺ ☺ ☺
5 10 15 20 25 30 35 40 45 50	1 • 5 ☺ ☺ ☺

Sage eine kleine 1 • 1-Reihe auswendig auf. Danach stellt dir dein Lehrer entsprechende 1 • 1-Aufgaben. Hast du beides fehlerfrei geschafft, malt dein Lehrer einen lachenden Mund in eines der drei Gesichter und setzt sein Namenskürzel darunter. Wiederhole es ein 2. und 3. Mal in den nächsten Wochen.

© Brigg Verlag KG, Friedberg · Best.Nr. 097 (Buch), 103 (Führerscheine)

6 12 18 24 30 36 42 48 54 60	1 • 6 ☺ ☺ ☺
7 14 21 28 35 42 49 56 63 70	1 • 7 ☺ ☺ ☺
8 16 24 32 40 48 56 64 72 80	1 • 8 ☺ ☺ ☺
9 18 27 36 45 54 63 72 81 90	1 • 9 ☺ ☺ ☺
10 20 30 40 50 60 70 80 90 100	1 • 10 ☺ ☺ ☺

Du hast auch die
kleine 1 • 1-Prüfung bestanden:

____
Datum und Unterschrift

Du kannst alle
kleinen 1 • 1-Reihen
<u>und</u> alle
kleinen 1 • 1-Aufgaben
auswendig aufsagen
<u>und</u> hast auch die
kleine 1 • 1-Prüfung
bestanden.

Datum und Unterschrift

Der Einmaleins-Führerschein

Kleines Einmaleins

Name

1 2 3 4 5 6 7 8 9 10	1 • 1
2 4 6 8 10 12 14 16 18 20	1 • 2
3 6 9 12 15 18 21 24 27 30	1 • 3
4 8 12 16 20 24 28 32 36 40	1 • 4
5 10 15 20 25 30 35 40 45 50	1 • 5

Sage eine kleine 1 • 1-Reihe auswendig auf. Danach stellt dir dein Lehrer entsprechende 1 • 1-Aufgaben. Hast du <u>beides</u> fehlerfrei geschafft, malt dein Lehrer einen lachenden Mund in eines der drei Gesichter und setzt sein Namenskürzel darunter. Wiederhole es ein 2. und 3. Mal in den nächsten Wochen.

6 12 18 24 30 36 42 48 54 60	1 • 6
7 14 21 28 35 42 49 56 63 70	1 • 7
8 16 24 32 40 48 56 64 72 80	1 • 8
9 18 27 36 45 54 63 72 81 90	1 • 9
10 20 30 40 50 60 70 80 90 100	1 • 10

Du hast auch die
kleine 1 • 1-Prüfung bestanden:

Datum und Unterschrift

Du kannst alle
kleinen 1 • 1-Reihen
<u>und</u> alle
kleinen 1 • 1-Aufgaben
auswendig aufsagen
<u>und</u> hast auch die
kleine 1 • 1-Prüfung
bestanden.

Datum und Unterschrift

Der Einmaleins-Führerschein

Kleines Einmaleins

Name

1 2 3 4 5 6 7 8 9 10	1 • 1
2 4 6 8 10 12 14 16 18 20	1 • 2
3 6 9 12 15 18 21 24 27 30	1 • 3
4 8 12 16 20 24 28 32 36 40	1 • 4
5 10 15 20 25 30 35 40 45 50	1 • 5

Sage eine kleine 1 • 1-Reihe auswendig auf. Danach stellt dir dein Lehrer entsprechende 1 • 1-Aufgaben. Hast du <u>beides</u> fehlerfrei geschafft, malt dein Lehrer einen lachenden Mund in eines der drei Gesichter und setzt sein Namenskürzel darunter. Wiederhole es ein 2. und 3. Mal in den nächsten Wochen.

© Brigg Verlag KG, Friedberg · Best.Nr. 097 (Buch), 103 (Führerscheine)

6 12 18 24 30 36 42 48 54 60	1 • 6
7 14 21 28 35 42 49 56 63 70	1 • 7
8 16 24 32 40 48 56 64 72 80	1 • 8
9 18 27 36 45 54 63 72 81 90	1 • 9
10 20 30 40 50 60 70 80 90 100	1 • 10

Du hast auch die
kleine 1 • 1-Prüfung bestanden:

Datum und Unterschrift

Du kannst alle
kleinen 1 • 1-Reihen
und alle
kleinen 1 • 1-Aufgaben
auswendig aufsagen
und hast auch die
kleine 1 • 1-Prüfung
bestanden.

Datum und Unterschrift

Der Einmaleins-Führerschein

Kleines Einmaleins

Name

1 2 3 4 5 6 7 8 9 10	1 • 1 ○ ○ ○
2 4 6 8 10 12 14 16 18 20	1 • 2 ○ ○ ○
3 6 9 12 15 18 21 24 27 30	1 • 3 ○ ○ ○
4 8 12 16 20 24 28 32 36 40	1 • 4 ○ ○ ○
5 10 15 20 25 30 35 40 45 50	1 • 5 ○ ○ ○

Sage eine kleine 1 • 1-Reihe auswendig auf. Danach stellt dir dein Lehrer entsprechende 1 • 1-Aufgaben. Hast du beides fehlerfrei geschafft, malt dein Lehrer einen lachenden Mund in eines der drei Gesichter und setzt sein Namenskürzel darunter. Wiederhole es ein 2. und 3. Mal in den nächsten Wochen.

6 12 18 24 30 36 42 48 54 60	1 • 6 ○ ○ ○
7 14 21 28 35 42 49 56 63 70	1 • 7 ○ ○ ○
8 16 24 32 40 48 56 64 72 80	1 • 8 ○ ○ ○
9 18 27 36 45 54 63 72 81 90	1 • 9 ○ ○ ○
10 20 30 40 50 60 70 80 90 100	1 • 10 ○ ○ ○

Du hast auch die
kleine 1 • 1-Prüfung bestanden:

Datum und Unterschrift

Du kannst alle
kleinen 1 • 1-Reihen
und alle
kleinen 1 • 1-Aufgaben
auswendig aufsagen
und hast auch die
kleine 1 • 1-Prüfung
bestanden.

Datum und Unterschrift

Der Einmaleins-Führerschein

Kleines Einmaleins

Name

1 2 3 4 5 6 7 8 9 10	1 • 1 ○ ○ ○
2 4 6 8 10 12 14 16 18 20	1 • 2 ○ ○ ○
3 6 9 12 15 18 21 24 27 30	1 • 3 ○ ○ ○
4 8 12 16 20 24 28 32 36 40	1 • 4 ○ ○ ○
5 10 15 20 25 30 35 40 45 50	1 • 5 ○ ○ ○

Sage eine kleine 1 • 1-Reihe auswendig auf. Danach stellt dir dein Lehrer entsprechende 1 • 1-Aufgaben. Hast du beides fehlerfrei geschafft, malt dein Lehrer einen lachenden Mund in eines der drei Gesichter und setzt sein Namenskürzel darunter. Wiederhole es ein 2. und 3. Mal in den nächsten Wochen.

© Brigg Verlag KG, Friedberg · Best.Nr. 097 (Buch), 103 (Führerscheine)

6 12 18 24 30 36 42 48 54 60	1 • 6 ○ ○ ○
7 14 21 28 35 42 49 56 63 70	1 • 7 ○ ○ ○
8 16 24 32 40 48 56 64 72 80	1 • 8 ○ ○ ○
9 18 27 36 45 54 63 72 81 90	1 • 9 ○ ○ ○
10 20 30 40 50 60 70 80 90 100	1 • 10 ○ ○ ○

Du hast auch die
kleine 1 • 1-Prüfung bestanden:

Datum und Unterschrift

Du kannst alle
kleinen 1 • 1-Reihen
<u>und</u> alle
kleinen 1 • 1-Aufgaben
auswendig aufsagen
<u>und</u> hast auch die
kleine 1 • 1-Prüfung
bestanden.

Datum und Unterschrift

Der Einmaleins-Führerschein

Kleines Einmaleins

Name

Reihe	
1 2 3 4 5 6 7 8 9 10	1 · 1
2 4 6 8 10 12 14 16 18 20	1 · 2
3 6 9 12 15 18 21 24 27 30	1 · 3
4 8 12 16 20 24 28 32 36 40	1 · 4
5 10 15 20 25 30 35 40 45 50	1 · 5

Sage eine kleine 1 • 1-Reihe auswendig auf. Danach stellt dir dein Lehrer entsprechende 1 • 1-Aufgaben. Hast du <u>beides</u> fehlerfrei geschafft, malt dein Lehrer einen lachenden Mund in eines der drei Gesichter und setzt sein Namenskürzel darunter. Wiederhole es ein 2. und 3. Mal in den nächsten Wochen.

Reihe	
6 12 18 24 30 36 42 48 54 60	1 · 6
7 14 21 28 35 42 49 56 63 70	1 · 7
8 16 24 32 40 48 56 64 72 80	1 · 8
9 18 27 36 45 54 63 72 81 90	1 · 9
10 20 30 40 50 60 70 80 90 100	1 · 10

Du hast auch die
kleine 1 • 1-Prüfung bestanden:

Datum und Unterschrift

Du kannst alle
kleinen 1 • 1-Reihen
<u>und</u> alle
kleinen 1 • 1-Aufgaben
auswendig aufsagen
<u>und</u> hast auch die
kleine 1 • 1-Prüfung
bestanden.

Datum und Unterschrift

Der Einmaleins-Führerschein

Kleines Einmaleins

Name

Reihe	
1 2 3 4 5 6 7 8 9 10	1 · 1
2 4 6 8 10 12 14 16 18 20	1 · 2
3 6 9 12 15 18 21 24 27 30	1 · 3
4 8 12 16 20 24 28 32 36 40	1 · 4
5 10 15 20 25 30 35 40 45 50	1 · 5

Sage eine kleine 1 • 1-Reihe auswendig auf. Danach stellt dir dein Lehrer entsprechende 1 • 1-Aufgaben. Hast du <u>beides</u> fehlerfrei geschafft, malt dein Lehrer einen lachenden Mund in eines der drei Gesichter und setzt sein Namenskürzel darunter. Wiederhole es ein 2. und 3. Mal in den nächsten Wochen.

© Brigg Verlag KG, Friedberg · Best.Nr. 097 (Buch), 103 (Führerscheine)

Reihe	
6 12 18 24 30 36 42 48 54 60	1 · 6
7 14 21 28 35 42 49 56 63 70	1 · 7
8 16 24 32 40 48 56 64 72 80	1 · 8
9 18 27 36 45 54 63 72 81 90	1 · 9
10 20 30 40 50 60 70 80 90 100	1 · 10

Du hast auch die
kleine 1 • 1-Prüfung bestanden:

Datum und Unterschrift

Du kannst alle
kleinen 1 • 1-Reihen
und alle
kleinen 1 • 1-Aufgaben
auswendig aufsagen
und hast auch die
kleine 1 • 1-Prüfung
bestanden.

Datum und Unterschrift

Der Einmaleins-Führerschein

Kleines Einmaleins

Name

1 2 3 4 5 6 7 8 9 10	1 • 1
2 4 6 8 10 12 14 16 18 20	1 • 2
3 6 9 12 15 18 21 24 27 30	1 • 3
4 8 12 16 20 24 28 32 36 40	1 • 4
5 10 15 20 25 30 35 40 45 50	1 • 5

Sage eine kleine 1 • 1-Reihe auswendig auf. Danach stellt dir dein Lehrer entsprechende 1 • 1-Aufgaben. Hast du beides fehlerfrei geschafft, malt dein Lehrer einen lachenden Mund in eines der drei Gesichter und setzt sein Namenskürzel darunter. Wiederhole es ein 2. und 3. Mal in den nächsten Wochen.

6 12 18 24 30 36 42 48 54 60	1 • 6
7 14 21 28 35 42 49 56 63 70	1 • 7
8 16 24 32 40 48 56 64 72 80	1 • 8
9 18 27 36 45 54 63 72 81 90	1 • 9
10 20 30 40 50 60 70 80 90 100	1 • 10

Du hast auch die
kleine 1 • 1-Prüfung bestanden:

Datum und Unterschrift

Du kannst alle
kleinen 1 • 1-Reihen
und alle
kleinen 1 • 1-Aufgaben
auswendig aufsagen
und hast auch die
kleine 1 • 1-Prüfung
bestanden.

Datum und Unterschrift

Der Einmaleins-Führerschein

Kleines Einmaleins

Name

1 2 3 4 5 6 7 8 9 10	1 • 1
2 4 6 8 10 12 14 16 18 20	1 • 2
3 6 9 12 15 18 21 24 27 30	1 • 3
4 8 12 16 20 24 28 32 36 40	1 • 4
5 10 15 20 25 30 35 40 45 50	1 • 5

Sage eine kleine 1 • 1-Reihe auswendig auf. Danach stellt dir dein Lehrer entsprechende 1 • 1-Aufgaben. Hast du beides fehlerfrei geschafft, malt dein Lehrer einen lachenden Mund in eines der drei Gesichter und setzt sein Namenskürzel darunter. Wiederhole es ein 2. und 3. Mal in den nächsten Wochen.

© Brigg Verlag KG, Friedberg · Best.Nr. 097 (Buch), 103 (Führerscheine)

6 12 18 24 30 36 42 48 54 60	1 • 6
7 14 21 28 35 42 49 56 63 70	1 • 7
8 16 24 32 40 48 56 64 72 80	1 • 8
9 18 27 36 45 54 63 72 81 90	1 • 9
10 20 30 40 50 60 70 80 90 100	1 • 10

Du hast auch die
kleine 1 • 1-Prüfung bestanden:

Datum und Unterschrift

Du kannst alle
kleinen 1 · 1-Reihen
<u>und</u> alle
kleinen 1 · 1-Aufgaben
auswendig aufsagen
<u>und</u> hast auch die
kleine 1 · 1-Prüfung
bestanden.

Datum und Unterschrift

Der Einmaleins-Führerschein

Kleines Einmaleins

Name

1 2 3 4 5 6 7 8 9 10	1 · 1
2 4 6 8 10 12 14 16 18 20	1 · 2
3 6 9 12 15 18 21 24 27 30	1 · 3
4 8 12 16 20 24 28 32 36 40	1 · 4
5 10 15 20 25 30 35 40 45 50	1 · 5

Sage eine kleine 1 · 1-Reihe auswendig auf. Danach stellt dir dein Lehrer entsprechende 1 · 1-Aufgaben. Hast du <u>beides</u> fehlerfrei geschafft, malt dein Lehrer einen lachenden Mund in eines der drei Gesichter und setzt sein Namenskürzel darunter. Wiederhole es ein 2. und 3. Mal in den nächsten Wochen.

6 12 18 24 30 36 42 48 54 60	1 · 6
7 14 21 28 35 42 49 56 63 70	1 · 7
8 16 24 32 40 48 56 64 72 80	1 · 8
9 18 27 36 45 54 63 72 81 90	1 · 9
10 20 30 40 50 60 70 80 90 100	1 · 10

Du hast auch die
kleine 1 · 1-Prüfung bestanden:

Datum und Unterschrift

Du kannst alle
kleinen 1 · 1-Reihen
<u>und</u> alle
kleinen 1 · 1-Aufgaben
auswendig aufsagen
<u>und</u> hast auch die
kleine 1 · 1-Prüfung
bestanden.

Datum und Unterschrift

Der Einmaleins-Führerschein

Kleines Einmaleins

Name

1 2 3 4 5 6 7 8 9 10	1 · 1
2 4 6 8 10 12 14 16 18 20	1 · 2
3 6 9 12 15 18 21 24 27 30	1 · 3
4 8 12 16 20 24 28 32 36 40	1 · 4
5 10 15 20 25 30 35 40 45 50	1 · 5

Sage eine kleine 1 · 1-Reihe auswendig auf. Danach stellt dir dein Lehrer entsprechende 1 · 1-Aufgaben. Hast du <u>beides</u> fehlerfrei geschafft, malt dein Lehrer einen lachenden Mund in eines der drei Gesichter und setzt sein Namenskürzel darunter. Wiederhole es ein 2. und 3. Mal in den nächsten Wochen.

© Brigg Verlag KG, Friedberg · Best.Nr. 097 (Buch), 103 (Führerscheine)

6 12 18 24 30 36 42 48 54 60	1 · 6
7 14 21 28 35 42 49 56 63 70	1 · 7
8 16 24 32 40 48 56 64 72 80	1 · 8
9 18 27 36 45 54 63 72 81 90	1 · 9
10 20 30 40 50 60 70 80 90 100	1 · 10

Du hast auch die
kleine 1 · 1-Prüfung bestanden:

Datum und Unterschrift

Du kannst alle
kleinen 1 • 1-Reihen
und alle
kleinen 1 • 1-Aufgaben
auswendig aufsagen
und hast auch die
kleine 1 • 1-Prüfung
bestanden.

Datum und Unterschrift

Der Einmaleins-Führerschein

Kleines Einmaleins

Name

1 2 3 4 5 6 7 8 9 10	1 · 1
2 4 6 8 10 12 14 16 18 20	1 · 2
3 6 9 12 15 18 21 24 27 30	1 · 3
4 8 12 16 20 24 28 32 36 40	1 · 4
5 10 15 20 25 30 35 40 45 50	1 · 5

Sage eine kleine 1 • 1-Reihe auswendig auf. Danach stellt dir dein Lehrer entsprechende 1 • 1-Aufgaben. Hast du beides fehlerfrei geschafft, malt dein Lehrer einen lachenden Mund in eines der drei Gesichter und setzt sein Namenskürzel darunter. Wiederhole es ein 2. und 3. Mal in den nächsten Wochen.

6 12 18 24 30 36 42 48 54 60	1 · 6
7 14 21 28 35 42 49 56 63 70	1 · 7
8 16 24 32 40 48 56 64 72 80	1 · 8
9 18 27 36 45 54 63 72 81 90	1 · 9
10 20 30 40 50 60 70 80 90 100	1 · 10

Du hast auch die
kleine 1 • 1-Prüfung bestanden:

Datum und Unterschrift

Du kannst alle
kleinen 1 • 1-Reihen
und alle
kleinen 1 • 1-Aufgaben
auswendig aufsagen
und hast auch die
kleine 1 • 1-Prüfung
bestanden.

Datum und Unterschrift

Der Einmaleins-Führerschein

Kleines Einmaleins

Name

1 2 3 4 5 6 7 8 9 10	1 · 1
2 4 6 8 10 12 14 16 18 20	1 · 2
3 6 9 12 15 18 21 24 27 30	1 · 3
4 8 12 16 20 24 28 32 36 40	1 · 4
5 10 15 20 25 30 35 40 45 50	1 · 5

Sage eine kleine 1 • 1-Reihe auswendig auf. Danach stellt dir dein Lehrer entsprechende 1 • 1-Aufgaben. Hast du beides fehlerfrei geschafft, malt dein Lehrer einen lachenden Mund in eines der drei Gesichter und setzt sein Namenskürzel darunter. Wiederhole es ein 2. und 3. Mal in den nächsten Wochen.

© Brigg Verlag KG, Friedberg · Best.Nr. 097 (Buch), 103 (Führerscheine)

6 12 18 24 30 36 42 48 54 60	1 · 6
7 14 21 28 35 42 49 56 63 70	1 · 7
8 16 24 32 40 48 56 64 72 80	1 · 8
9 18 27 36 45 54 63 72 81 90	1 · 9
10 20 30 40 50 60 70 80 90 100	1 · 10

Du hast auch die
kleine 1 • 1-Prüfung bestanden:

Datum und Unterschrift

Du kannst alle
kleinen 1 • 1-Reihen
<u>und</u> alle
kleinen 1 • 1-Aufgaben
auswendig aufsagen
<u>und</u> hast auch die
kleine 1 • 1-Prüfung
bestanden.

Datum und Unterschrift

Der Einmaleins-Führerschein

Kleines Einmaleins

Name

1 2 3 4 5 6 7 8 9 10	1 • 1
2 4 6 8 10 12 14 16 18 20	1 • 2
3 6 9 12 15 18 21 24 27 30	1 • 3
4 8 12 16 20 24 28 32 36 40	1 • 4
5 10 15 20 25 30 35 40 45 50	1 • 5

Sage eine kleine 1 • 1-Reihe auswendig auf. Danach stellt dir dein Lehrer entsprechende 1 • 1-Aufgaben. Hast du <u>beides</u> fehlerfrei geschafft, malt dein Lehrer einen lachenden Mund in eines der drei Gesichter und setzt sein Namenskürzel darunter. Wiederhole es ein 2. und 3. Mal in den nächsten Wochen.

6 12 18 24 30 36 42 48 54 60	1 • 6
7 14 21 28 35 42 49 56 63 70	1 • 7
8 16 24 32 40 48 56 64 72 80	1 • 8
9 18 27 36 45 54 63 72 81 90	1 • 9
10 20 30 40 50 60 70 80 90 100	1 • 10

Du hast auch die
kleine 1 • 1-Prüfung bestanden:

Datum und Unterschrift

Du kannst alle
kleinen 1 • 1-Reihen
<u>und</u> alle
kleinen 1 • 1-Aufgaben
auswendig aufsagen
<u>und</u> hast auch die
kleine 1 • 1-Prüfung
bestanden.

Datum und Unterschrift

Der Einmaleins-Führerschein

Kleines Einmaleins

Name

1 2 3 4 5 6 7 8 9 10	1 • 1
2 4 6 8 10 12 14 16 18 20	1 • 2
3 6 9 12 15 18 21 24 27 30	1 • 3
4 8 12 16 20 24 28 32 36 40	1 • 4
5 10 15 20 25 30 35 40 45 50	1 • 5

Sage eine kleine 1 • 1-Reihe auswendig auf. Danach stellt dir dein Lehrer entsprechende 1 • 1-Aufgaben. Hast du <u>beides</u> fehlerfrei geschafft, malt dein Lehrer einen lachenden Mund in eines der drei Gesichter und setzt sein Namenskürzel darunter. Wiederhole es ein 2. und 3. Mal in den nächsten Wochen.

© Brigg Verlag KG, Friedberg · Best.Nr. 097 (Buch), 103 (Führerscheine)

6 12 18 24 30 36 42 48 54 60	1 • 6
7 14 21 28 35 42 49 56 63 70	1 • 7
8 16 24 32 40 48 56 64 72 80	1 • 8
9 18 27 36 45 54 63 72 81 90	1 • 9
10 20 30 40 50 60 70 80 90 100	1 • 10

Du hast auch die
kleine 1 • 1-Prüfung bestanden:

Datum und Unterschrift

Du kannst alle
kleinen 1 • 1-Reihen
<u>und</u> alle
kleinen 1 • 1-Aufgaben
auswendig aufsagen
<u>und</u> hast auch die
kleine 1 • 1-Prüfung
bestanden.

Datum und Unterschrift

Der Einmaleins-Führerschein

Kleines Einmaleins

Name

Reihe	
1 2 3 4 5 6 7 8 9 10	1 · 1
2 4 6 8 10 12 14 16 18 20	1 · 2
3 6 9 12 15 18 21 24 27 30	1 · 3
4 8 12 16 20 24 28 32 36 40	1 · 4
5 10 15 20 25 30 35 40 45 50	1 · 5

Sage eine kleine 1 • 1-Reihe auswendig auf. Danach stellt dir dein Lehrer entsprechende 1 • 1-Aufgaben. Hast du <u>beides</u> fehlerfrei geschafft, malt dein Lehrer einen lachenden Mund in eines der drei Gesichter und setzt sein Namenskürzel darunter. Wiederhole es ein 2. und 3. Mal in den nächsten Wochen.

Reihe	
6 12 18 24 30 36 42 48 54 60	1 · 6
7 14 21 28 35 42 49 56 63 70	1 · 7
8 16 24 32 40 48 56 64 72 80	1 · 8
9 18 27 36 45 54 63 72 81 90	1 · 9
10 20 30 40 50 60 70 80 90 100	1 · 10

Du hast auch die
kleine 1 • 1-Prüfung bestanden:

Datum und Unterschrift

Du kannst alle
kleinen 1 • 1-Reihen
<u>und</u> alle
kleinen 1 • 1-Aufgaben
auswendig aufsagen
<u>und</u> hast auch die
kleine 1 • 1-Prüfung
bestanden.

Datum und Unterschrift

Der Einmaleins-Führerschein

Kleines Einmaleins

Name

Reihe	
1 2 3 4 5 6 7 8 9 10	1 · 1
2 4 6 8 10 12 14 16 18 20	1 · 2
3 6 9 12 15 18 21 24 27 30	1 · 3
4 8 12 16 20 24 28 32 36 40	1 · 4
5 10 15 20 25 30 35 40 45 50	1 · 5

Sage eine kleine 1 • 1-Reihe auswendig auf. Danach stellt dir dein Lehrer entsprechende 1 • 1-Aufgaben. Hast du <u>beides</u> fehlerfrei geschafft, malt dein Lehrer einen lachenden Mund in eines der drei Gesichter und setzt sein Namenskürzel darunter. Wiederhole es ein 2. und 3. Mal in den nächsten Wochen.

© Brigg Verlag KG, Friedberg · Best.Nr. 097 (Buch), 103 (Führerscheine)

Reihe	
6 12 18 24 30 36 42 48 54 60	1 · 6
7 14 21 28 35 42 49 56 63 70	1 · 7
8 16 24 32 40 48 56 64 72 80	1 · 8
9 18 27 36 45 54 63 72 81 90	1 · 9
10 20 30 40 50 60 70 80 90 100	1 · 10

Du hast auch die
kleine 1 • 1-Prüfung bestanden:

Datum und Unterschrift

Du kannst alle
kleinen 1 • 1-Reihen
und alle
kleinen 1 • 1-Aufgaben
auswendig aufsagen
und hast auch die
kleine 1 • 1-Prüfung
bestanden.

Datum und Unterschrift

Der Einmaleins-Führerschein

Kleines Einmaleins

Name

1 2 3 4 5 6 7 8 9 10	1 • 1
2 4 6 8 10 12 14 16 18 20	1 • 2
3 6 9 12 15 18 21 24 27 30	1 • 3
4 8 12 16 20 24 28 32 36 40	1 • 4
5 10 15 20 25 30 35 40 45 50	1 • 5

Sage eine kleine 1 • 1-Reihe auswendig auf. Danach stellt dir dein Lehrer entsprechende 1 • 1-Aufgaben. Hast du beides fehlerfrei geschafft, malt dein Lehrer einen lachenden Mund in eines der drei Gesichter und setzt sein Namenskürzel darunter. Wiederhole es ein 2. und 3. Mal in den nächsten Wochen.

6 12 18 24 30 36 42 48 54 60	1 • 6
7 14 21 28 35 42 49 56 63 70	1 • 7
8 16 24 32 40 48 56 64 72 80	1 • 8
9 18 27 36 45 54 63 72 81 90	1 • 9
10 20 30 40 50 60 70 80 90 100	1 • 10

Du hast auch die
kleine 1 • 1-Prüfung bestanden:

Datum und Unterschrift

Du kannst alle
kleinen 1 • 1-Reihen
und alle
kleinen 1 • 1-Aufgaben
auswendig aufsagen
und hast auch die
kleine 1 • 1-Prüfung
bestanden.

Datum und Unterschrift

Der Einmaleins-Führerschein

Kleines Einmaleins

Name

1 2 3 4 5 6 7 8 9 10	1 • 1
2 4 6 8 10 12 14 16 18 20	1 • 2
3 6 9 12 15 18 21 24 27 30	1 • 3
4 8 12 16 20 24 28 32 36 40	1 • 4
5 10 15 20 25 30 35 40 45 50	1 • 5

Sage eine kleine 1 • 1-Reihe auswendig auf. Danach stellt dir dein Lehrer entsprechende 1 • 1-Aufgaben. Hast du beides fehlerfrei geschafft, malt dein Lehrer einen lachenden Mund in eines der drei Gesichter und setzt sein Namenskürzel darunter. Wiederhole es ein 2. und 3. Mal in den nächsten Wochen.

© Brigg Verlag KG, Friedberg · Best.Nr. 097 (Buch), 103 (Führerscheine)

6 12 18 24 30 36 42 48 54 60	1 • 6
7 14 21 28 35 42 49 56 63 70	1 • 7
8 16 24 32 40 48 56 64 72 80	1 • 8
9 18 27 36 45 54 63 72 81 90	1 • 9
10 20 30 40 50 60 70 80 90 100	1 • 10

Du hast auch die
kleine 1 • 1-Prüfung bestanden:

Datum und Unterschrift

Du kannst alle
kleinen 1 • 1-Reihen
und alle
kleinen 1 • 1-Aufgaben
auswendig aufsagen
und hast auch die
kleine 1 • 1-Prüfung
bestanden.

Datum und Unterschrift

Der Einmaleins-Führerschein

Kleines Einmaleins

Name

Reihe	
1 2 3 4 5 6 7 8 9 10	1 • 1
2 4 6 8 10 12 14 16 18 20	1 • 2
3 6 9 12 15 18 21 24 27 30	1 • 3
4 8 12 16 20 24 28 32 36 40	1 • 4
5 10 15 20 25 30 35 40 45 50	1 • 5

Sage eine kleine 1 • 1-Reihe auswendig auf. Danach stellt dir dein Lehrer entsprechende 1 • 1-Aufgaben. Hast du beides fehlerfrei geschafft, malt dein Lehrer einen lachenden Mund in eines der drei Gesichter und setzt sein Namenskürzel darunter. Wiederhole es ein 2. und 3. Mal in den nächsten Wochen.

Reihe	
6 12 18 24 30 36 42 48 54 60	1 • 6
7 14 21 28 35 42 49 56 63 70	1 • 7
8 16 24 32 40 48 56 64 72 80	1 • 8
9 18 27 36 45 54 63 72 81 90	1 • 9
10 20 30 40 50 60 70 80 90 100	1 • 10

Du hast auch die
kleine 1 • 1-Prüfung bestanden:

Datum und Unterschrift

Du kannst alle
kleinen 1 • 1-Reihen
und alle
kleinen 1 • 1-Aufgaben
auswendig aufsagen
und hast auch die
kleine 1 • 1-Prüfung
bestanden.

Datum und Unterschrift

Der Einmaleins-Führerschein

Kleines Einmaleins

Name

Reihe	
1 2 3 4 5 6 7 8 9 10	1 • 1
2 4 6 8 10 12 14 16 18 20	1 • 2
3 6 9 12 15 18 21 24 27 30	1 • 3
4 8 12 16 20 24 28 32 36 40	1 • 4
5 10 15 20 25 30 35 40 45 50	1 • 5

Sage eine kleine 1 • 1-Reihe auswendig auf. Danach stellt dir dein Lehrer entsprechende 1 • 1-Aufgaben. Hast du beides fehlerfrei geschafft, malt dein Lehrer einen lachenden Mund in eines der drei Gesichter und setzt sein Namenskürzel darunter. Wiederhole es ein 2. und 3. Mal in den nächsten Wochen.

© Brigg Verlag KG, Friedberg · Best.Nr. 097 (Buch), 103 (Führerscheine)

Reihe	
6 12 18 24 30 36 42 48 54 60	1 • 6
7 14 21 28 35 42 49 56 63 70	1 • 7
8 16 24 32 40 48 56 64 72 80	1 • 8
9 18 27 36 45 54 63 72 81 90	1 • 9
10 20 30 40 50 60 70 80 90 100	1 • 10

Du hast auch die
kleine 1 • 1-Prüfung bestanden:

Datum und Unterschrift

Du kannst alle
kleinen 1 • 1-Reihen
<u>und</u> alle
kleinen 1 • 1-Aufgaben
auswendig aufsagen
<u>und</u> hast auch die
kleine 1 • 1-Prüfung
bestanden.

Datum und Unterschrift

Der Einmaleins-Führerschein

Kleines Einmaleins

Name

Reihe	
1 2 3 4 5 6 7 8 9 10	1 • 1
2 4 6 8 10 12 14 16 18 20	1 • 2
3 6 9 12 15 18 21 24 27 30	1 • 3
4 8 12 16 20 24 28 32 36 40	1 • 4
5 10 15 20 25 30 35 40 45 50	1 • 5

Sage eine kleine 1 • 1-Reihe auswendig auf. Danach stellt dir dein Lehrer entsprechende 1 • 1-Aufgaben. Hast du <u>beides</u> fehlerfrei geschafft, malt dein Lehrer einen lachenden Mund in eines der drei Gesichter und setzt sein Namenskürzel darunter. Wiederhole es ein 2. und 3. Mal in den nächsten Wochen.

Reihe	
6 12 18 24 30 36 42 48 54 60	1 • 6
7 14 21 28 35 42 49 56 63 70	1 • 7
8 16 24 32 40 48 56 64 72 80	1 • 8
9 18 27 36 45 54 63 72 81 90	1 • 9
10 20 30 40 50 60 70 80 90 100	1 • 10

Du hast auch die
kleine 1 • 1-Prüfung bestanden:

Datum und Unterschrift

Du kannst alle
kleinen 1 • 1-Reihen
<u>und</u> alle
kleinen 1 • 1-Aufgaben
auswendig aufsagen
<u>und</u> hast auch die
kleine 1 • 1-Prüfung
bestanden.

Datum und Unterschrift

Der Einmaleins-Führerschein

Kleines Einmaleins

Name

Reihe	
1 2 3 4 5 6 7 8 9 10	1 • 1
2 4 6 8 10 12 14 16 18 20	1 • 2
3 6 9 12 15 18 21 24 27 30	1 • 3
4 8 12 16 20 24 28 32 36 40	1 • 4
5 10 15 20 25 30 35 40 45 50	1 • 5

Sage eine kleine 1 • 1-Reihe auswendig auf. Danach stellt dir dein Lehrer entsprechende 1 • 1-Aufgaben. Hast du <u>beides</u> fehlerfrei geschafft, malt dein Lehrer einen lachenden Mund in eines der drei Gesichter und setzt sein Namenskürzel darunter. Wiederhole es ein 2. und 3. Mal in den nächsten Wochen.

© Brigg Verlag KG, Friedberg · Best.Nr. 097 (Buch), 103 (Führerscheine)

Reihe	
6 12 18 24 30 36 42 48 54 60	1 • 6
7 14 21 28 35 42 49 56 63 70	1 • 7
8 16 24 32 40 48 56 64 72 80	1 • 8
9 18 27 36 45 54 63 72 81 90	1 • 9
10 20 30 40 50 60 70 80 90 100	1 • 10

Du hast auch die
kleine 1 • 1-Prüfung bestanden:

Datum und Unterschrift